Zur Bach-Blütentherapie sind erschienen in der Reihe
HEYNE ESOTERISCHES WISSEN

M. Scheffer: Selbsthilfe durch Bach-Blütentherapie · Band 13/9517
E. Bach: Die heilende Natur · Band 08/9550
E. Bach: Blüten, die heilen · Band 08/9567
M. Scheffer/W.-D. Storl: Neue Einsichten in die Bach-Blütentherapie · Band 08/9650
M. Scheffer/W.-D. Storl: Das Heilgeheimnis der Bach-Blüten · Band 08/9659
M. Scheffer: Schlüssel zur Seele · Band 13/9757
N. Weeks: Eduard Bach · Band 08/9713

Mechthild Scheffer

SELBSTHILFE DURCH BACH-BLÜTENTHERAPIE

Blumen, die durch die Seele heilen

WILHELM HEYNE VERLAG
MÜNCHEN

HEYNE ESOTERISCHES WISSEN
Herausgegeben von Michael Görden
13/9517

28. Auflage

Gekürzte, taschenbuchgerechte Zusammenfassung
der drei bei Hugendubel erschienenen Titel.
Mechthild Scheffer, Bach-Blütentherapie

Mechthild Scheffer, Erfahrungen mit der Bach-Blütentherapie

Edward Bach, Blumen, die durch die Seele heilen

Genehmigte Taschenbuchausgabe
Printed in Germany 1999
Umschlaggestaltung: Atelier Adolf Bachmann, Reischach
Umschlagillustration: Bettina Buresch, München
Satz: VerlagsSatz Kort GmbH, München
Druck und Bindung: Presse-Druck Augsburg

ISBN 3-453-16884-4

»Alles Große und Edle ist einfacher Art«

Gottfried Keller

»Für die Anwendung der Blütenessenzen sind
keine wissenschaftlichen Erkenntnisse erforderlich.
Wer den größten Nutzen
aus dieser göttlichen Gabe ziehen will,
muß sie in ihrer Ursprünglichkeit rein erhalten,
frei von Theorie und wissenschaftlicher Erwägung –
denn alles in der Natur ist einfach.«

Edward Bach

Inhalt

An alle Bach-Blütenfreunde, die die Bach-Blütenpflanzen blühend in der Natur aufsuchen wollen, richtet sich die Bitte unseres Fotografen Andreas Bock, der im Sommerhalbjahr 1996 alle Bach-Blüten fand und fotografierte:
»Centaury, Water Violet, Gentian und Scleranthus dürfen auf keinen Fall gepflückt werden, da diese Arten bei uns extrem selten geworden sind!«

1
Wichtige Vorbemerkung

Dieses Buch ist eine Einführung in die sogenannte Bach-Blütentherapie – geschrieben für Menschen, die einen ersten Eindruck von Dr. Edward Bach und seiner ›Seelen-Therapie durch Blüten-Energie‹ gewinnen möchten.

Es enthält wichtige Auszüge aus den drei deutschsprachigen Standardwerken über die Bach-Blütentherapie sowie einige Teile speziell für Anfänger, die in den oben genannten Werken noch nicht enthalten sind.

Das System der Bach-Blüten-Konzentrate wurde vor mehr als 60 Jahren von dem bekannten englischen Arzt Dr. Edward Bach gefunden und ist seitdem als ›Bach-Flower-Therapy‹ vor allem in den angelsächsischen Ländern angesehen und verbreitet.

Die Bach-Blütentherapie hilft, daß wir mit vorübergehend auftretenden negativen, allgemein menschlichen Gemütsstimmungen (wie z. B. Ungeduld, Kleinmütigkeit, Unsicherheit, Eifersucht), deren Ursache menschliche Charakterschwäche (aber keine Krankheit) ist, besser umgehen und solche Schwächen selbst in den Griff bekommen können.

Längerfristige Zielsetzung dieser Therapie ist ›Seelenreinheit‹ und damit eine größtmögliche Entfaltung und Stabilität der Persönlichkeit. Daraus folgt indirekt eine höhere Widerstandskraft gegen seelische und gegebenenfalls psychosomatische Störungen. Es wäre aber falsch, die Wirkung der 38 Bach-Blüten-Konzentrate in direkten Zusammenhang mit körperlichen Krankheitssymptomen zu bringen.

Die Bach-Blütentherapie liegt vielmehr im Bereich der ›Charakterpflege‹ oder der ›seelischen Gesundheitsvorsorge‹. Die Bach-Blüten-Konzentrate können deshalb auch zur Vorbeugung gegen körperliche Krankheiten und zur Unterstützung einer fachgerechten Behandlung dienen, diese aber nicht ersetzen. Wenn in diesem Buch von Diagnose, Patient, Therapie oder Heilung gesprochen wird, so ist dieses nicht im Sinne der Schulmedizin aufzufassen.

Für die Entwicklung der Bach-Blütentherapie in den deutschsprachigen Ländern und für weitere Auflagen werden Erfahrungen aus Leserkreisen jeder Art dankbar entgegengenommen. Schreiben Sie an: Institut für Bach-Blütentherapie, Forschung und Lehre, Mechthild Scheffer, Dr. Edward Bach Centre, German Office, Postfach 202551, 20218 Hamburg.

Hier befindet sich die einzige offizielle Repräsentationsstelle des englischen Bach-Centres für Deutschland, Österreich und die Schweiz – zuständig für den Vertrieb, Auskünfte und Beratung in allen praktischen und theoretischen Fragen im Zusammenhang mit der Bach-Blütentherapie.

Die Bach-Blüten-Konzentrate werden heute noch vom englischen Bach-Centre in Mount Vernon, Oxfordshire, an den von Dr. Edward Bach selbst bestimmten Fundorten in freier Natur von wildwachsenden Blumen, Sträuchern und Bäumen gesammelt und nach der von ihm gefundenen Methode sorgfältig hergestellt.

Die 38 Blüten umfassen nach Aussagen von Dr. Bach alle grundsätzlichen negativen Seelenzustände des menschlichen Charakters und stellen ein in sich abgeschlossenes System dar, das seine Wirksamkeit in 60 Jahren unter Beweis gestellt hat. Das Bach-Centre in England distanziert sich deshalb ausdrücklich von sogenannten ›Ergänzungen‹ oder ›Weiterentwicklungen‹ des Bach-Systems, Nachempfindungen der Original-Konzentrate oder der Berufung auf die Herstellungsmethoden von Dr. Bach oder des Bach-Centres selbst.

Allen Persönlichkeiten im In- und Ausland, die zur Entstehung dieses Buches beigetragen haben, sei an dieser Stelle herzlich gedankt.

2
Zur Aktualität der Bach-Blütentherapie

Wer krank ist, fühlt und denkt anders: Er ist vielleicht ängstlicher, resignierter, verbitterter, verbohrter oder ungeduldiger als ein sogenannter gesunder Mensch. Das Bewußtsein eines Kranken ist negativ verändert, denn er hat sich, wie Edward Bach es vor gut 60 Jahren formulierte, von seinem Höheren Selbst und den Gesetzen seiner Seele abgewandt. Darum ist eine Bewußtseinsveränderung ins Positive – auch nach den Erkenntnissen der modernen Medizin – der entscheidende Faktor bei jedem Heilungsprozeß; und darum bietet wiederum jede Krankheit auch die Chance zu einer Bewußtseinsveränderung ins Positive, zu einem Reifeschritt, zu einem ›Quantensprung‹ in der Charakterentwicklung.

Nicht nur Edward Bach beobachtete, daß mit jeder medizinisch definierbaren Krankheit negative Gemütsstimmungen wie Ungeduld, Verzweiflung, Ängstlichkeit, Hoffnungslosigkeit o.ä. einhergehen. Was jedoch entscheidender ist: Jeder definierbaren medizinischen Krankheit gehen oder gingen irgendwann einmal derartige negative Gemütszustände voraus. Gelingt es, diesen negativen Gemütszustand rechtzeitig zu erkennen und ins Positive umzuwandeln, muß es nicht mehr zur Ausbildung der körperlichen Krankheit kommen.

Wer heute noch in der Lage ist, einen ungetrübten Blick auf unsere Umwelt zu werfen, wird aus dieser Sicht mit Entsetzen feststellen, daß sich weite Teile der Bevölkerung unserer sogenannten zivilisierten Länder zumindest im Vorfeld einer kollektiven Erkrankung befinden. Denn Gefühle der Resignation, Hoffnungslosigkeit, Angst und Depression, Verworrenheit, innere Ratlosigkeit und ähnliches bestimmen von Monat zu Monat mehr das Lebensgefühl, besonders der jüngeren Generation.

Bezeichnenderweise sind es gerade auch die jüngeren Menschen, welche die Botschaft des englischen Arztes, der die Fähigkeiten eines exakten Naturwissenschaftlers mit denen eines modernen Schamanen verband, am schnellsten erkannt und aufgegriffen haben. Edward Bach fand bestimmte Pflanzen mit der energetischen Potenz, negative Gemütszustände auf subtiler Ebene gezielt zu harmonisieren. Er nannte sie ›Happy fellows of the plant world‹, die als Katalysatoren zur Transformation mit unserem Höheren Selbst oder Innerem Arzt dienen können.

Für viele Menschen ist die zunächst ungläubig belächelte Bach-Blütentherapie rettend, ja schicksalswendend geworden.

3
Eine holistische Methode der Selbstheilung

»Krankheit ist weder Grausamkeit noch Strafe,
sondern einzig und allein ein Korrektiv; ein Werkzeug,
dessen sich unsere eigene Seele bedient,
um uns auf unsere Fehler hinzuweisen,
um uns von größeren Irrtümern zurückzuhalten,
um uns daran zu hindern,
mehr Schaden anzurichten – und uns auf den Weg
der Wahrheit und des Lichts zurückzubringen,
von dem wir nie hätten abkommen sollen.«

Edward Bach

Die zeitlose Aktualität dieser Sätze, von dem englischen Arzt Dr. Edward Bach vor mehr als 60 Jahren geschrieben, findet heute im Zeichen von ›Humanistischer Medizin‹, ›Psychosomatik‹ und ›Holistischem Heilen‹ mehr und mehr offene Herzen und Ohren. Tatsächlich ist das Interesse an den Bach-Blüten-Konzentraten, so wie Bach es vorausgesagt hatte, in den letzten Jahren international sprunghaft gewachsen.

Die holistische (griech.: *holos* = ganz) Auffassung von Gesundheit, Krankheit und Heilung geht von der vollkommenen Einheit allen Lebens und der absoluten Einzigartigkeit aller darin vorhandenen Systeme aus. Jeder von uns befindet sich auf einer einmaligen, in dieser Form unwiederholbaren Lebensreise, und unser Gesundheitszustand ist ein Indikator dafür, an welchem Punkt dieser Reise wir momentan stehen.

Jedes Krankheitssymptom, sei es körperlich, seelisch oder geistig, gibt uns eine spezifische Botschaft, die es zu erkennen, zu akzeptieren und für unsere Lebensreise zu nutzen gilt. Jedes echte Heilungsgeschehen ist eine Bejahung unserer Ganzheit, eine Bekräftigung unserer Heilheit oder Heiligkeit.

Das System der Bach-Blüten läßt sich aus dieser Sicht als ›Heilung durch Reharmonisierung des Bewußtseins‹ bezeichnen. Es bringt uns an den Schaltstellen unserer Persönlichkeit, an denen Lebensenergie in falschen Bahnen läuft oder blockiert ist, wieder in harmonischen Kontakt mit unserer Ganzheit, mit unserer wahren Energie-Quelle.

›Heal Thyself‹ d.h. ›Heile dich selbst‹ ist die Kernaussage der Philosophie von Edward Bach. Denn im letzten sind es wir selbst, das ›universelle Heilprinzip‹ oder die ›göttliche Heilkraft‹ in uns, die die Heilung zuläßt und möglich macht. Bach hatte die Vorstellung, daß in nicht allzu fernen Tagen seine Blütenkonzentrate nicht nur in der Praxis von Ärzten und Heilpraktikern, sondern auch in jedem Haushalt verwendet würden.

In diesem Sinne dienen die Bach-Blüten neben der professionellen Mit-Behandlung psychosomatischer Störungen auch von Jahr zu Jahr mehr Menschen zur seelischen Reinigung, die bewußt an ihrem seelischen Wachstum und an ihrer spirituellen Entfaltung arbeiten.

Das Bach-Blüten-System läßt sich bis heute nur schwer kategorisieren. Aufgrund der Subtilität der Wirkungsweise könnte man es möglicherweise als wesensverwandt mit der klassischen Homöopathie nach Hahnemann sowie einigen anthroposophischen und spagyrischen Verfahren betrachten. Denn es wirkt nicht auf dem mühevollen Umweg über den physischen Körper, sondern auf feineren energetischen Schwingungsebenen direkt auf das Energiesystem Mensch ein.

Edward Bach selbst wirkte, bevor er sein Blüten-System entwickelte, als sehr erfolgreicher Bakteriologe und Homöopath.

Er fühlte sich geistig unter anderem mit Hippokrates, Paracelsus und Samuel Hahnemann verbunden. Mit ihnen teilte er die Auffassung: Es gibt keine Krankheiten, sondern nur kranke Menschen!

Doch man würde ihn und sein Werk zu eng sehen, bezeichnete man ihn, wie seine zeitgenössischen Kollegen, nur als den ›Hahnemann unserer Tage‹.

Was 1930 den damals 43jährigen Edward Bach dazu bewog, seine lukrative Praxis in der berühmten Londoner Ärzte-Straße Harleystreet aufzugeben und seine letzten sechs Lebensjahre der Suche nach einer ›einfacheren, natürlichen Heilmethode‹ zu widmen, bei der ›nichts zerstört oder verändert zu werden brauchte‹, ist völlig neu und geht in wichtigen Aspekten weit über die Ansichten und Absichten von Samuel Hahnemann hinaus.

Was das Bach-Blüten-System gegenüber bisherigen subtilen Methoden des Westens neu und anders macht, läßt sich in drei Punkten zusammenfassen:

1. Edward Bachs Auffassung von Gesundheit und Krankheit, also der *geistige Ansatz* seiner Therapie, wurzelt in einem übergeordneten Bezugssystem, das über die Grenzen der menschlichen Einzelpersönlichkeit hinausgeht. Das führte ihn zu einer *neuen Form der ›Diagnose‹,* die sich nicht mehr an körperlichen Symptomen, sondern ausschließlich an disharmonischen seelischen Zuständen oder negativen Gefühlskonzepten orientiert, ähnlich, aber umfassender als die homöopathischen ›Gemütssymptome‹.

2. Neu und anders für die heutige Zeit ist auch das simple und natürliche *Verfahren,* durch das Bach die Energie der Blüten aus ihrer materiellen Form freisetzte und an die Trägersubstanz band. Das führt auf *direktem Wege,* also nicht über das Ähnlichkeitsprinzip, zu einer harmonisierenden Wirkung seiner Blüten-Konzentrate, bei der es keine Überdosierung, keine Nebenwirkungen und keine Unverträglichkeit mit anderen Therapieformen gibt.

3. Diese, im besten Sinne des Wortes, ›harmlose‹ Wirkungsweise macht die Segnungen des Bach-Systems einer *viel größeren Zahl von Menschen* zur Vorbeugung und Selbstheilung zugänglich, als es bisher bei feinstofflichen Methoden möglich war. Da es sich bei den von Bach beschriebenen Zuständen um die Folgen allgemeinmenschlicher Charakterschwächen, aber nicht um seelische Krankheitssymptome handelt, braucht man keine medizinische oder psychologische Ausbildung, um mit den Bach-Blüten erfolgreich umgehen zu können. Viel wichtiger ist menschliche Reife, gepaart mit einer guten Auffassungsgabe, Denk- und Erkenntnisfähigkeit, sowie vor allem ein natürliches Einfühlungsvermögen und gesundes Empfinden für den Mitmenschen.

4
Wie die Bach-Blüten wirken können

Eine naturwissenschaftlich voll befriedigende Erklärung der Wirkungsweise gibt es zum jetzigen Zeitpunkt noch nicht. Hypothesen aus den Bereichen der Molekularchemie, Informatik, Kybernetik, Psychoneuroimmunologie existieren schon für verschiedene feinstoffliche Methoden. Diese Hypothesen könnten auch auf das Bach-System anwendbar sein. Es kann bei der rasanten Entwicklung der Erkenntnisse auf diesen Gebieten nur noch eine Zeitfrage sein, daß man die durch feinstoffliche Methoden hervorgerufenen energetischen Veränderungen auch mit naturwissenschaftlichen Methoden messen und darstellen kann.

Edward Bach hat alles, was er im Zusammenhang mit seinem Blüten-System für wichtig hielt, in seinen Werken ›Heal Thyself‹ und ›The Twelve Healers and Other Remedies‹ mit wenigen Worten mitgeteilt. Wer in seiner geistigen Welt lebt, braucht auch heute nicht mehr als diese Schriften. Und jeder, der sich mit dem Bach-Blüten-System beschäftigt, sollte ›Heile Dich Selbst‹ lesen und zum Wiederlesen besitzen. Auszüge finden sich in Kapitel 10 am Ende dieses Buches. Der ausführliche Text ist abgedruckt in *Edward Bach, Blumen, die durch die Seele heilen.*

Es hat sich jedoch gezeigt, daß heute nicht jeder die Einfachheit und Größe der Gedanken von Edward Bach – geschrieben in den Worten einer anderen Generation – ohne weiteres verstehen und akzeptieren kann. Deshalb werden auf den folgenden Seiten seine Gedanken und die Wirkungsweise der Blüten-Konzentrate in teilweise moderneren Bezügen dargestellt und erläutert.

Bach schrieb 1934 über die Wirkung seiner Blüten-Essenzen:

»Bestimmte wildwachsende Blumen, Büsche und Bäume höherer Ordnung haben durch ihre hohe Schwingung die Kraft, unsere menschlichen Schwingungen zu erhöhen und unsere Kanäle für die Botschaften unseres spirituellen Selbst zu öffnen; unsere Persönlichkeit mit den Tugenden, die wir nötig haben, zu überfluten und dadurch die (Charakter-)Mängel auszuwaschen, die unsere Leiden verursachen. Wie schöne Musik oder andere großartige, inspirierende Dinge sind sie in der Lage, unsere ganze Persönlichkeit zu erheben und uns unserer Seele näher zu bringen. Dadurch schenken sie uns Frieden und entbinden uns von unseren Leiden. Sie heilen nicht dadurch, daß sie die Krankheit direkt angreifen, sondern dadurch, daß sie unseren Körper mit den schönen Schwingungen unseres Höheren Selbst durchfluten, in deren Gegenwart die Krankheit hinwegschmilzt wie Schnee an der Sonne. Es gibt keine echte Heilung ohne eine Veränderung in der Lebenseinstellung, des Seelenfriedens und des inneren Glücksgefühls.«

So unwahrscheinlich diese Gedanken manchem zunächst erscheinen mögen, so einleuchtend sind sie, wenn man die Voraussetzungen versteht und akzeptiert, von denen Bach, ähnlich wie auch seine großen Geistesverwandten Hippokrates, Hahnemann und Paracelsus, ausgeht.

1. Schöpfung und Schicksal

Das menschliche Leben und der Mensch auf diesem Planeten ist ein *Teil eines größeren Schöpfungsgedankens.* Wir leben in einem größeren Bezugsrahmen, in einer umfassenderen Einheit, etwa so wie eine Zelle in einem menschlichen Körper.

Jeder Mensch ist zweierlei: ein unverwechselbares Individuum und durch diese individuellen Eigenschaften zugleich auch ein lebensnotwendiger Teil der umfassenderen Einheit, des größeren Ganzen.

Weil in der Schöpfung alles eine Einheit ist, ist jeder von uns auch mit allem verbunden, und zwar durch eine gemeinsame, übergeordnete, mächtige Energieschwingung, die mit vielerlei Namen, so z. B. ›Schöpfungskraft‹, ›universelles Lebensprinzip‹, ›kosmisches Prinzip‹, ›Liebe im Sinne höherer Vernunft‹, oder ganz einfach ›Gott‹ genannt wird.

Die Entwicklung jedes Menschen folgt, wie alles in diesem Universum, von der Eisblume am Fenster bis zum Werden und Vergehen ganzer Planeten-Systeme einem programmierten Wirkungsprinzip, einer inneren Gesetzmäßigkeit. Jeder Mensch hat seine Matrix mit bestimmten Energiepotentialen, seinen Auftrag, seine Aufgabe, sein Schicksal, oder wie immer man es nennen möchte.

Jeder Mensch hat als Teil des größeren Schöpfungsgedankens eine unsterbliche *Seele* – das, was er eigentlich ist – und eine sterbliche *Persönlichkeit* – das, was er hier auf Erden darstellt. Eng mit der Seele verbunden ist das *Höhere Selbst,* das sozusagen als Vermittler zwischen Seele und Persönlichkeit fungiert.

Die Seele kennt den jeweiligen Auftrag des Menschen und hat den Drang, diesen Auftrag mit Hilfe des Höheren Selbst durch die Persönlichkeit aus Fleisch und Blut auszudrücken und in konkrete Realität umzusetzen. Die Persönlichkeit kennt diesen Auftrag zunächst nicht.

Die Potentiale, die unsere Seele durch die Persönlichkeit verwirklichen möchte, sind aber nicht konkreter Natur. Es sind mehr übergeordnete ideelle Qualitäten, die Edward Bach ›die Tugenden unserer höheren Natur‹ nennt. Dazu gehören z. B. Sanftmut, Stärke, Mut, Beständigkeit, Weisheit, Freude, Zielstrebigkeit. Große Dichter aller Zeitepochen haben sie als edle

Charaktereigenschaften besungen. Man könnte diese Qualitäten auch als ideale archetypische Seelenkonzepte der Menschheit bezeichnen, deren Verwirklichung im Sinne eines größeren Ganzen unser wahres Glücksgefühl ausmacht.

Werden sie nicht verwirklicht, kommt es früher oder später zum entgegengesetzten Gefühl: Unglücklichsein. Die nicht verwirklichten Tugenden zeigen sich nun von ihrer Schattenseite, als ›Mängel‹, z. B. als Stolz, Grausamkeit, Haß, Eigenliebe, Unwissenheit, Habgier. Diese Mängel, so sagt nicht nur Edward Bach, sind die wahren Ursachen für Krankheiten.

Jeder Mensch hat das unbewußte Verlangen, in Harmonie zu leben, denn die Natur, als großes Energiefeld betrachtet, ist immer bestrebt, den effizientesten Energiezustand herzustellen.

2. Gesundheit und Krankheit

Gesundheit: Könnte und würde die Persönlichkeit vollkommen im Einklang mit ihrer Seele handeln, die ja wiederum Teil der größeren Einheit ist, würde der Mensch in vollständiger Harmonie leben. Die universelle göttliche Schöpfungsenergie könnte sich durch die Seele und das Höhere Selbst in der Persönlichkeit ausdrücken, und wir Menschen wären stark, gesund und glücklich als harmonisch schwingende Teile des größeren kosmischen Energiefeldes.

Krankheit: Überall dort, wo die Persönlichkeit nicht durch ihre Seele mit dem großen kosmischen Energiefeld verbunden ist, wo sie nicht mit ihm im Einklang schwingt, herrscht Störung, Stauung, Reibung, Verzerrung, Disharmonie, Energieverlust. Diese Zustände setzen sich fort vom Feineren zum Festeren und manifestieren sich zunächst als negative Gemütsstimmungen, später als körperliche Krankheit. Die körperliche Krankheit hat die Funktion eines letzten Korrektivs. Sie ist, simpel ausgedrückt, eine rote Warnlampe, die handgreiflich signalisiert, daß jetzt sofort etwas geändert werden muß, wenn es nicht früher oder später zum Totalausfall kommen soll.

Edward Bach sagt, die wirklichen Ursachen von Krankheit sind letztlich nur zwei grundlegende Mißverständnisse:

Das erste Mißverständnis: Die Persönlichkeit handelt nicht in Übereinstimmung mit ihrer Seele, sondern lebt in der Illusion des Abgetrenntseins. Im extremsten Fall ist die Persönlichkeit gar nicht mehr in der Lage, die Existenz ihrer Seele und eines Höheren Selbst überhaupt noch zu erkennen, weil sie ›materialistisch‹ nur das akzeptiert, ›was man sieht und anfassen kann‹. Dadurch schneidet sie sich langfristig sozusagen von ihrer eigenen Nabelschnur ab, verdorrt und zerstört sich selbst.

Häufiger jedoch verkennt die Persönlichkeit in Teilbereichen die Absichten ihrer Seele und handelt dort nach ihrem eigenen beschränkten Verständnis der Zusammenhänge.

In allen Teilbereichen, in denen die Persönlichkeit sich so vom großen kosmischen Energiestrom oder, wie Bach sagt, von der Liebe abgewandt hat, verzerren sich Tugenden oder positive Charaktereigenschaften ins Destruktive und führen zu negativen Seelenzuständen oder Gemütsstimmungen.

Das zweite Mißverständnis: Die Persönlichkeit verstößt gegen das ›Prinzip der Einheit‹. Handelt die Persönlichkeit entgegen den Absichten ihres Höheren Selbst und ihrer Seele, handelt sie automatisch auch gegen die Interessen der Größeren Einheit, mit der ihre Seele ja energetisch verbunden ist.

Vor allem aber verstößt die Persönlichkeit gegen das Prinzip der Einheit, wenn sie versucht, einem anderen Wesen, entgegen dessen Absicht, seinen eigenen Willen aufzuzwingen. Sie behindert damit nicht nur die Entwicklung des anderen Wesens, sondern stört, da alles mit allem verbunden ist, gleichzeitig auch das gesamte kosmische Energiefeld, d.h. den Entwicklungsprozeß der gesamten Menschheit.

Jeder Krankheit geht ein negativer Seelenzustand voraus, der auf dem falschen Gebrauch eines der großen archetypischen menschlichen Seelenkonzepte oder Tugenden beruht. Ein Beispiel: Der negative Seelenzustand wäre rücksichtsloses, egoistisches Verhalten, hervorgerufen durch Habgier als falsch gebrauchte Tugend. Habgier ist eine negative Kehrseite des Seelenkonzeptes der Nächstenliebe und Toleranz.

Hierzu erklärt Edward Bach in ›Heile Dich Selbst‹: »Habgier führt zu einem Streben nach Macht. Sie ist eine Verneinung der Freiheit und Individualität jeder Seele. Anstatt anzuerkennen, daß jeder Mensch hier ist, um sich frei in der Weise zu entwikkeln, wie es nur seine eigene Seele ihm gebietet, strebt die von Habgier besessene Persönlichkeit danach, selbst zu herrschen, zu formen und zu befehlen und damit die Macht des Schöpfers zu usurpieren.

Verharrt man in diesem ›Mangel‹, entgegen der Stimme seines Höheren Selbst, so ruft das einen Konflikt hervor, der durch ein spezifisches Krankheitsgeschehen im Körper widergespiegelt wird.

So sind das Ergebnis von Habgier und der Beherrschung anderer solche Krankheiten, die den Leidenden zum Sklaven seines eigenen Körpers machen und das Ausleben seiner Wünsche und Süchte hindern…«

3. Der therapeutische Ansatz von Edward Bach

Bach geht in seiner Diagnose von dem Gesetz der Seele, also von einem übergeordneten Ursachenbereich aus, anstatt, wie fast alle anderen westlichen Systeme, vom begrenzten Blickpunkt der Persönlichkeit und vom Reich der Wirkungen.

Edward Bach orientiert sich in seiner Diagnose nicht an körperlichen Symptomen, sondern ausschließlich an den negativen seelischen Zuständen, die als Folge widersprüchlichen Handelns zwischen den Absichten Seele und Persönlichkeit schließlich Ursache für körperliche Krankheiten werden können.

Diese negativen Seelenzustände werden aber nicht als Symptome ›bekämpft‹, denn dadurch würde man sie energetisch aufrechterhalten. Sie werden vielmehr von übergeordneten harmonischen Energieschwingungen sozusagen überflutet, wodurch sie, wie Bach sagt, ›hinwegschmelzen wie Schnee an der Sonne‹. Wie kann man sich das vorstellen?

Die von Bach verwendeten Blüten stammen, wie er sagt, ›von bestimmten Pflanzen höherer Ordnung‹. Jede von ihnen verkörpert ein bestimmtes Seelenkonzept oder schwingt, energetisch ausgedrückt, in einer bestimmten Schwingungsfrequenz. Jedes dieser ›pflanzlichen‹ Seelenkonzepte stimmt mit einem bestimmten Seelenkonzept im Menschen bzw. mit einer bestimmten Energiefrequenz im menschlichen Energiefeld überein. In der menschlichen Seele sind alle 38 Seelenkonzepte der Bach-Blüten als Seelenkonzepte, Energiepotentiale, Tugenden oder göttliche Funken enthalten.

Besteht nun in einem bestimmten menschlichen Seelenkonzept oder Energiepotential ein Konflikt zwischen den Absichten der Seele und der Persönlichkeit, so ist dort die Schwingungsfrequenz im energetischen Feld disharmonisch verzerrt und verlangsamt. Diese Verzerrung beeinflußt das gesamte menschliche Energiefeld bzw. beeinträchtigt den gesamten seelischen Zustand des Menschen. Es kommt, in den Worten von Bach, zu einem negativen Seelen- oder Gemütszustand.

Was bewirkt nach dieser Vorstellung eine Bach-Blüten-Essenz?

Da sie in der gleichen harmonischen Energiefrequenz schwingt, die das betreffende menschliche Seelenkonzept ohne seine disharmonische Verzerrung und Verlangsamung hätte, kann die Blüten-Essenz zu diesem menschlichen Seelenkonzept Kontakt aufnehmen und es mit ihrer eigenen harmonischen Schwingungsfrequenz durch Schwingungsresonanz wieder harmonisieren. (Ähnliches ist aus der Musik- und Farbtherapie bekannt.)

Anders ausgedrückt: Die Bach-Blüten-Essenz stellt als eine Art Katalysator den an diesem Punkt blockierten Kontakt zwischen Seele und Persönlichkeit wieder her. Die Seele kann sich wieder Gehör in der Persönlichkeit verschaffen. Dort, wo Disharmonie und Erstarrung herrschte, fließt wieder Leben ein. Oder wie Bach sagt: Dort, wo der Mensch nicht ›mehr ganz er selbst‹ war, wird er wieder ›ganz er selbst‹.

Die Persönlichkeit findet aus der menschlich allzu menschlichen Verwirrung und Begrenzung heraus, zurück zu den Seelenpotentialen oder Tugenden, die unserer Existenz auf diesem Planeten Sinn geben und Harmonie schenken.

4. Die neue einfache Methode des ›Potenzierens‹

Seit Menschengedenken werden Pflanzen zu Heilzwecken verwendet. Bach unterscheidet jedoch zwischen Pflanzen, die Leiden lindern – die meisten unserer Arzneipflanzen – und solchen, die mit göttlichen Heilkräften angereichert sind. Letztere sind Pflanzen ›Höherer Ordnung‹. Er fand diese Pflanzen auf intuitivem Wege und nannte sie ›Die Frohnaturen der Pflanzenwelt‹. Seine Sensitivität war zu diesem Zeitpunkt so stark entwickelt, daß er nur das Blütenblatt der betreffenden Pflanze auf die Zunge zu legen brauchte, um ihre Wirkung auf Körper, Seele und Geist zu fühlen. Interessant ist, daß es sich durchweg um ungiftige Gewächse handelt, keine, die dem Menschen zur Nahrung dienen und außerdem meistens um Pflanzen, denen man ihre inneren Qualitäten nicht von außen ansieht. Einige von ihnen werden in anderer Form auch in der Phytotherapie verwendet, die Mehrzahl jedoch wird bisher zum Unkraut gerechnet. Wichtig ist, daß diese Pflanzen nur wildwachsend an bestimmten naturbelassenen Stellen gesammelt werden. Als kultivierte Pflanzen hätten sie diese göttlichen Heilkräfte nicht mehr.

So einfach wie das Aussehen der meisten Blüten ist auch das Potenzierungsverfahren, das Edward Bach fand oder wiederfand. Es ist nicht zu verwechseln mit dem Potenzierungsvorgang in der klassischen Homöopathie, bei dem mechanisch, mit Reiben und Schütteln, gearbeitet wird. In der Indianermedizin sollen ähnliche Verfahren angewendet werden. Um die Seele oder die ›Essenz‹ der *Pflanze* aus dem physischen Pflanzenkörper zu lösen, fand Bach die ›Sonnenmethode‹ und die ›Kochmethode‹.

Die Sonnenmethode verwendete er für alle Blumen, die im späten Frühling oder im Sommer blühen, wenn die Sonne ihre volle Kraft erreicht hat. Dabei werden an einem sonnigen, wolkenlosen Tag morgens die Blüten möglichst vieler verschiedener Pflanzen gepflückt. Als Schutz wird ein Blatt zwischen Daumen und Zeigefinger genommen, damit die Blüten nicht mit der menschlichen Haut in Berührung kommen. Nun werden so viele Blüten auf eine Schüssel mit Quellwasser gelegt, bis die Oberfläche dicht bedeckt ist. Diese Schüssel bleibt so lange in der Sonne stehen, bis die Essenz der Blüten auf das Quellwasser übergegangen ist. Das so ›imprägnierte‹ Wasser wird später in eine Flasche gegossen, die mit Alkohol präpariert ist. Diese Essenzflasche ist unbegrenzt haltbar und liefert die Basis zur Herstellung der ›Stock Bottles‹ oder Vorratsflaschen.

Die Kochmethode wird vorwiegend für die Blüten der Bäume, Büsche und Sträucher verwendet, die sehr früh im Jahr blühen, noch bevor die Sonne ihre volle Kraft erreicht hat. Gesammelt werden die Blüten in der gleichen Weise wie bei der Sonnenmethode. Dann aber werden sie ausgekocht, mehrfach gefiltert und ebenfalls in vorpräparierte Essenzflaschen abgefüllt. In dieser – im Vergleich zum Dynamisierungsprozeß der Homöopathie oder zum Herstellungsverfahren anthroposophischer Heilmittel – scheinbar simplen Potenzierungsmethode sah Bach folgende Vorteile:

Es ist keine Zerstörung oder Beschädigung des Pflanzenwesens notwendig. Die Blüte, in der sich die Wesensenergie der Pflanze konzentriert, wird im Stadium der Vollreife oder Vollendung, also kurz vor dem Abfallen, gepflückt. Es gibt allerdings nur wenige glückliche Tage, an denen beides zusammenfällt; das wolkenlose, sonnige Wetter und der vollendete Reifezustand der Blüten.

Zwischen diesem Pflückvorgang und der Präparierung vergeht kaum Zeit. Es geht also kaum Energie verloren. Das Ganze ist ein harmonischer Prozeß natürlicher Alchimie, bei dem die gewaltigen Kräfte der vier Elemente zusammenspielen. Erde und Luft: um die Pflanze zur Reife zu bringen. Sonne oder Feuer: um die Pflanzenseele aus dem Pflanzenkörper freizusetzen. Wasser: als Trägersubstanz, für ihre höhere Bestimmung.

Edward Bach appellierte damals an alle Homöopathen: »Laßt Euch nicht durch die Einfachheit der Methode von ihrem Gebrauch abhalten, denn je weiter Eure Forschungen voranschreiten, um so mehr wird sich Euch die Einfachheit aller Schöpfung erschließen.«

5. ›Simplicity‹ oder Einfachheit – das Grundprinzip des Bach-Blüten-Systems

Der Begriff ›Einfachheit‹ unterliegt in unserer täglich komplizierter werdenden Welt leicht der Gefahr, mißverstanden und mit dem Begriff ›Primitivität‹ verwechselt zu werden. Einfachheit hat mit Einheit, Vollendung und Harmonie zu tun. Das ist der Grund, warum sich jeder Mensch, und sei es auf noch so diffuse Weise, von den sogenannten ›einfachen Dingen des Lebens‹ angezogen fühlt. Um hinter der größten Differenziertheit und scheinbaren Kompliziertheit eines Geschehens wieder die Einheit und Einfachheit zu erfassen, muß man außer Objektivität, Durchblick und Überblick die grundsätzliche Bereitschaft haben, sich als Teil eines Ganzen zu sehen, das letztlich von einem einheitlichen und einfachen Schöpfungsprinzip regiert wird.

Eine Kurz-Charakteristik der Blütenkonzentrate von Dr. Bach folgt auf den Seiten 26 – 30.

1 Agrimony Man versucht, quälende Gedanken und innere Unruhe hinter einer Fassade von Fröhlichkeit und Sorglosigkeit zu verbergen.	**2 Aspen** Man hat unerklärliche vage Ängstlichkeiten, Vorahnungen; geheime Furcht vor einem drohenden Unheil.	**3 Beech** Man verurteilt andere ohne jedes Mitgefühl, ist überkritisch und wenig tolerant.

4 Centaury
Man kann nicht ›nein‹ sagen. Schwäche des eigenen Willens; Überreaktion auf die Wünsche anderer.

5 Cerato
Man hat zuwenig Vertrauen in die eigene Meinung.

6 Cherry Plum
Es fällt schwer, innerlich loszulassen; man hat Angst vor seelischen Kurzschlußhandlungen; unbeherrschte Temperamentausbrüche.

7 Chestnut Bud
Man macht immer wieder die gleichen Fehler, weil man seine Erfahrungen nicht wirklich verarbeitet.

8 Chicory
Man erwartet von seiner Umgebung volle Zuwendung. Besitzergreifende Persönlichkeitshaltung, die sich gerne einmischt.

9 Clematis
Man ist mit den Gedanken ganz woanders; zeigt wenig Aufmerksamkeit für das, was um einen herum vorgeht.

10 Crab Apple
Man fühlt sich innerlich oder äußerlich beschmutzt, unrein oder infiziert. Detailkrämer.

11 Elm
Man hat das vorübergehende Gefühl, seiner Aufgabe oder Verantwortung nicht gewachsen zu sein.

12 Gentian
Man ist skeptisch, zweifelnd, pessimistisch, leicht entmutigt.

13 Gorse
Man ist ohne Hoffnung, hat resigniert – ›Es-hat-doch-keinen-Zweck-mehr‹-Gefühle.

14 Heather
Man ist selbstbezogen, völlig mit sich beschäftigt, braucht viel Publikum; ›das bedürftige Kleinkind‹.

15 Holly
Man ist gefühlsmäßig irritiert. Eifersucht, Mißtrauen, Haß- und Neidgefühle.

16 Honeysuckle
Man hat Sehnsucht nach Vergangenem; Bedauern über Vergangenes; man lebt nicht in der Gegenwart.

17 Hornbeam
Man glaubt, man wäre zu schwach, um die täglichen Pflichten zu bewältigen, schafft es dann aber doch.

18 Impatiens
Man ist ungeduldig, leicht gereizt, zeigt überschießende Reaktionen.

19 Larch
Man hat Minderwertigkeitsgefühl. Erwartung von Fehlschlägen durch Mangel an Selbstvertrauen.

20 Mimulus
Man ist schüchtern, furchtsam, hat viele kleine Ängstlichkeiten.

21 Mustard
Perioden tiefer Traurigkeit kommen und gehen plötzlich ohne erkennbare Ursache.

22 Oak
Man fühlt sich als niedergeschlagener und erschöpfter Kämpfer, der trotzdem tapfer weitermacht und nie aufgibt.

23 Olive
Man fühlt sich ausgelaugt und erschöpft. ›Alles ist zuviel.‹

24 Pine
Man macht sich Vorwürfe, hat Schuldgefühle.

25 Red Chestnut
Man macht sich mehr Sorgen um das Wohlergehen anderer Menschen als um das eigene.

26 Rock Rose
Man ist in innerer Panik; Terrorgefühle.

27 Rock Water
Man ist zu hart zu sich selbst; hat strenge oder starre Ansichten, unterdrückt vitale Bedürfnisse.

28 Scleranthus
Man ist unschlüssig; sprunghaft, innerlich unausgeglichen. Meinung und Stimmung wechseln von einem Moment zum anderen.

29 Star of Bethlehem
Man hat eine seelische oder körperliche Erschütterung noch nicht verkraftet. ›Der Seelentröster‹.

30 Sweet Chestnut
Man glaubt, die Grenze dessen, was ein Mensch ertragen kann, sei nun erreicht. Innere Ausweglosigkeit.

31 Vervain
Im Übereifer, sich für eine gute Sache einzusetzen, treibt man Raubbau mit seinen Kräften: reizbar bis fanatisch.

32 Vine
Man ist eine starke Persönlichkeit; will unbedingt seinen Willen durchsetzen.

33 Walnut
Man läßt sich verunsichern; Beeinflußbarkeit während entscheidender Neubeginn-Phasen im Leben.

34 Water Violet
Man zieht sich innerlich zurück; isoliertes Überlegenheitsgefühl.

35 White Chestnut
Bestimmte Gedanken kreisen unaufhörlich im Kopf, man wird sie nicht wieder los, innere Selbstgespräche und Dialoge.

36 Wild Oat
Man ist unklar in seinen Zielvorstellungen, innerlich unzufrieden, weil man seine Lebensaufgabe nicht findet.

37 Wild Rose
Man fühlt sich apathisch, teilnahmslos.

38 Willow
Man ist verbittert, grollt und fühlt sich als ›Opfer des Schicksals‹.

39 Rescue
Man ist durch Schreck aus dem Gleichgewicht gekommen. Man ist in Spannung, weil Aufregendes bevorsteht.

39a Rescue Nr. 39, Creme
Die Konzentrate Nr. 39 und Nr. 10 in einer milden Creme, ohne Lanolin.

5
Die 38 Bach-Blüten und Rescue

Grundsätzliches

In den folgenden Beschreibungen der 38 Bach-Blüten sind die zur Zeit zugänglichen Erfahrungen aus verschiedensten Blickrichtungen zusammengetragen. Es muß jedoch betont werden, daß es sich dabei nicht um letztverbindliche Informationen handeln kann, da die Erschließung der vielschichtigen Wirkungen dieses wunderbaren Systems gerade erst begonnen hat. Je mehr sensible Menschen in den nächsten Jahren auf ihre Weise mit den Bach-Blüten arbeiten, desto feinere Facetten ihrer göttlichen Heilkraft auf Seele und Geist des Menschen werden sich offenbaren.

Nun zunächst eine Vorbemerkung zum Aufbau des Blüten-Bildes von Agrimony.

Die botanischen Angaben stammen in gekürzter Form aus dem Buch ›The Bach-Flower-Remedies‹ von Nora Weeks und Victor Bullen, zwei Mitarbeitern von Edward Bach.

Unter *Prinzip* wird hier versucht, das geistige Grundkonzept der Blüte im Hinblick auf die Mißverständnisse im geistig-seelischen Entwicklungsprozeß des Menschen aufzuzeigen. Dann folgen einige Erfahrungen von Praktikern mit Agrimony.

Die *Schlüsselsymptome* sind die charakteristischsten Symptome im blockierten Energiezustand, in dem Zustand, in dem die Blütenenergie gebraucht wird. Sie sollen eine erste Diagnose ermöglichen.

Die Liste der *Symptome im blockierten Zustand* soll helfen, die Diagnose abzusichern. Hier wurden Aufzeichnungen aus der Praxis verschiedener Bach-Spezialisten und die vorhandene Bach-Literatur ausgewertet. Die Absicht war, bewußt viele, sich teilweise auch überschneidende Symptome aufzuführen, um ein breites Spektrum individueller Einstiegsmöglichkeiten und Ansatzpunkte zu bieten.

Manchem werden einige Symptome negativ überzeichnet erscheinen. Erfahrungsgemäß werden sie so in der Praxis vorwiegend bei relativ unbewußt lebenden Menschen angetroffen. Je bewußter sich ein Mensch mit seinem eigenen Entwicklungsprozeß auseinandersetzt, auf desto subtileren Ebenen können sich die beschriebenen Zustände abspielen und um so weniger werden sie für Außenstehende auch vordergründig erkennbar sein.

Deshalb ist es wichtig, die aufgeführten Symptome nicht immer nur wörtlich, sondern als Tendenz zu nehmen. In erster Linie kommt es darauf an, das dahinter wirkende Prinzip zu erfühlen und zu erkennen, das sich in jedem Individuum und in jeder Kombination mehrerer Blütenessenzen wieder unterschiedlich darstellen wird.

Der Vollständigkeit halber sei noch gesagt, daß man selbstverständlich nicht alle aufgeführten Symptome nachweisen muß, wenn man eine bestimmte Bach-Blüte braucht. Wenn das Prinzip richtig erkannt ist, reichen manchmal ein bis drei stark hervortretende Symptome, um die Wahl zu rechtfertigen. Eine Hilfestellung zur Selbstdiagnose bietet der Fragebogen auf den S. 165–169 dieses Buches.

Potential im transformierten Zustand heißt der wichtigste Teil des Blüten-Bildes. Es beschreibt das Seelenkonzept, Energiepotential oder die Tugend, die der Mensch von seiner Anlage her zur Verfügung hat und ursprünglich verwirklichen wollte. Durch die eigenbewußte Arbeit mit den Bach-Blüten kann dieses Energiepotential aus dem negativ-blockierten in den positiv-harmonisch fließenden Zustand überführt, transformiert und verwirklicht werden. Dieses ist die wichtigste Zielsetzung der Bach-Blütentherapie.

Auf den folgenden Seiten wird zunächst die Blüte *Agrimony* ausführlich dargestellt wie im deutschsprachigen Standardwerk *Bach Blütentherapie. Theorie und Praxis* von Mechthild Scheffer enthalten.

Die weiteren 37 Bach-Blüten werden aus Platzgründen in diesem Einführungswerk nur mit ihren wichtigsten Symptomen dargestellt. Die ausführliche Beschreibung des Seelenpotentials finden Sie in dem oben genannten deutschsprachigen Standardwerk.

1

Agrimony, Agrimonia Eupatoria, Odermennig

Wächst 30 bis 60 cm hoch, vorwiegend auf Feldern, Böschungen und Brachland. Blüht zwischen Juni und August mit kleinen gelben Blüten an langen, konisch zulaufenden Blütenähren. Jede Einzelblüte blüht nur drei Tage.

Prinzip: Agrimony ist verbunden mit den Seelenpotentialen der Konfrontationsfähigkeit und der Freude. Im negativen Agrimony-Zustand versucht man die dunkle Seite des Lebens nicht zur Kenntnis zu nehmen und kann ihre Erfahrungen nicht ausreichend in die Persönlichkeit integrieren.

Wenn man jemanden anruft, der gerade einen wichtigen Prozeß verloren hat, und ihn fragt, ›na, wie geht's?‹, kann man normalerweise damit rechnen, daß er in irgendeiner Form niedergeschlagen reagieren wird. Der agrimony-betonte Mensch antwortet in der gleichen Situation routinemäßig ›danke – ausgezeichnet‹, und man muß schon sehr gut mit ihm befreundet sein, um hinter dieser Antwort seine Enttäuschung herauszufühlen.

Menschen, die Agrimony brauchen, präsentieren ihrer Umwelt grundsätzlich nur ein unbekümmertes, liebenswürdigheiteres Gesicht. Darum ist es in der Praxis nicht ganz leicht, den negativen Agrimony-Zustand zu erkennen.

Wenn man Agrimony braucht, wird man innerlich von Ängsten und Befürchtungen gequält; oft sind es materielle Sorgen über Krankheit, Geldverluste, Berufsschwierigkeiten. Aber man würde sich lieber die Zunge abbeißen, ehe man irgend jemandem etwas davon erzählt, denn ›wie's da drinnen aussieht, geht niemanden was an‹. Ein agrimony-betonter Mensch wahrt immer sein Gesicht und macht, wie ein Schauspieler, im Rampenlicht gute Miene zu dem bösen Spiel, das hinter den Kulissen gespielt wird.

Agrimony-Charaktere sind von Haus aus sehr harmoniebedürftig und gleichzeitig recht sensibel. Unter Streitigkeiten und Disharmonie in ihrer Umgebung leiden sie so, daß sie um des lieben Friedens willen oft zurückstecken, manchmal sogar Opfer bringen. Sie sind ausgesprochen freundlich zu ihren Mitmenschen, in dem Wunsch, daß man auch zu ihnen freundlich sein möge. Wegen der fröhlichen Stimmung, die sie um sich verbreiten, sind agrimony-betonte Menschen bei Freunden und Kollegen, am Stammtisch und im Sportverein sehr beliebt. Sie sind die Stimmungsmacher auf jeder Party. Selbst als Kranke sind Agrimony-Menschen noch geschätzt, denn sie überspielen ihre Beschwerden und erheitern mit ihren Witzen sogar noch das Pflegepersonal.

Wenn ein Agrimony-Typ einmal ganz allein und ruhig dasitzt, schieben sich Probleme, die er sonst verdrängt, in sein Bewußtsein. Da er aber Probleme grundsätzlich nicht zur Kenntnis nehmen möchte, vor allem nicht in Verbindung mit seiner eigenen Person, läßt er es möglichst gar nicht zum Alleinsein kommen. Er stürzt sich in Aktivitäten, Unternehmungen und Gesellschaften, von der Disko bis zum Wohltätigkeitsverein.

Sehr viele agrimony-betonte Menschen ertränken ihre Sorgen auch in einem Gläschen Wein oder versuchen durch Tabletten oder Drogen aufkommende unschöne Gefühle euphorisch zu überdecken. Der negative Agrimony-Zustand hat Ähnlichkeit mit einer Alkohol-Euphorie, man ist nach außen hin locker, aber innerlich angespannt.

Aufgrund ihrer hohen Rezeptivität und starken Ablenkbarkeit sind agrimony-betonte Menschen selten konsequent im Durchhalten. Eine Frau im negativen Agrimony-Zustand grämt sich zum Beispiel innerlich darüber, daß sie ihr Diät-Programm nicht einhalten kann, sondern, von einer inneren Unruhe getrieben, nachts immer wieder heimlich an den Kühlschrank geht; das passiert besonders dann, wenn wieder quälende Gedanken an ihr zu nagen beginnen.

Im Agrimony-Zustand grämt man sich auch über kleinere Alltagsdinge, wie zum Beispiel Telefonanrufe, die man vergessen hat, Briefe, die man nicht abgeschickt hat, sexuelle ›Mißerfolge‹. Viele Agrimony-Charaktere haben kleine geheime Laster.

Einen Grund für die Entwicklung einer Neigung zum Agrimony-Zustand sehen Praktiker in einem sehr gesellschaftlich orientierten Elternhaus, in dem Kinder von frühester Jugend an zum ›keep smiling‹ erzogen wurden. Eine größere Rolle spielt hier aber wohl die Veranlagung. Menschen mit einem starken Agrimony-Charakterzug sind, im Vergleich zu vielen Mitmenschen, mehr an der äußeren Ebene der Persönlichkeit orientiert und wollen das, was auf inneren Ebenen abläuft, weder selbst fühlen, noch nach außen sichtbar werden lassen. Die Oberfläche muß perfekt aussehen, selbst wenn es darunter zuweilen chaotisch zugeht. Im Agrimony-Zustand reagiert man wie ein siamesisches Zwillingspaar, das sich nur mit der einen, der heiteren und problemloseren Hälfte seiner Persönlichkeit identifiziert. Die andere Seite wird beharrlich übersehen. Man versucht, sich selbst und anderen vorzutäuschen, daß sie gar nicht vorhanden ist. Anders gesagt: Der Energieaustausch zwischen den Erfahrungsebenen des Denkens und Fühlens ist gestört. Oft herrscht zwischen beiden Ebenen ein chronischer Kriegszustand.

Im negativen Agrimony-Zustand unterliegt die Persönlichkeit einem doppelten Irrtum. Da sie einen großen Teil ihrer selbst nicht anerkennt, kann sie mit ihrem Höheren Selbst keinen vollständigen Kontakt aufnehmen und so das Programm, das ihre Seele für sie niedergelegt hat, nicht erkennen. Statt dessen handelt sie nach eigenen begrenzten Maximen, die meistens mehr materiell gefärbt sind. Da sie aber trotzdem, wie jedes Wesen, einen idealen Zustand anstrebt und ihn in ihrem Inneren nicht finden kann, sucht sie ihn in äußeren Zuständen, die eine gewisse Leichtigkeit und Geistigkeit beinhalten. Wein-Seligkeit und Drogen-Euphorien kommen dem gewünschten Zustand scheinbar am nächsten, sind aber in Wirklichkeit weit davon entfernt, weil damit keine geistige Klarheit, sondern das Gegenteil, Vernebelung erreicht wird.

Sobald sich die Persönlichkeit zu ihrer Ganzheit bekennt und sich unter die Führung ihres Höheren Selbst stellt, fließen ihr die stabilisierenden Kräfte ihrer eigenen Seele zu. Sie bekommt innere Stärke und genügend Standfestigkeit, um die Mißhelligkeiten des Alltags besser zu konfrontieren. Sie braucht negative Erfahrung nicht mehr zu verdrängen, sondern kann sie in ihr Bewußtsein integrieren.

Im positiven Agrimony-Zustand erkennt man die Relativität aller Probleme und findet den strahlenden, heiteren Zustand in sich selbst, den man bisher außen gesucht hat. Man ist von echter Freude erfüllt und setzt seine hervorragenden Charaktereigenschaften, wie Unterscheidungsvermögen, innere Balance, Klugheit und diplomatisches Geschick, zu seiner eigenen Befriedigung und zum Wohl seiner Umgebung ein.

In der Praxis ist Agrimony eine der Blüten, die häufig bei Kindern angezeigt ist.

Agrimony-Kinder sind normalerweise fröhlich, gesellig, ihre Tränen trocknen schnell. Wenn sie, wie alle Kinder, Entwicklungsperioden von innerer Einsamkeit und Traurigkeit durchmachen, verhilft ihnen Agrimony dazu, sich besser mitzuteilen. Auch in der Pubertät, in der Jugendliche mit vielen divergierenden Gedanken und Gefühlen klarkommen müssen, kann Agrimony gute Dienste leisten.

Es wird empfohlen, bei agrimony-betonten Menschen bei der Diagnose nicht zu tief zu bohren, sondern mehr das lockere, verständnisvolle Gespräch zu suchen.

Die innere Ruhelosigkeit des Agrimony-Zustandes kann sich körperlich in Symptomen wie Nägelbeißen, am Haar zupfen, feiner Tremor, sich kneifen oder nervösen Hautirritationen zeigen. Viele Agrimony-Patienten knirschen nachts mit den Zähnen. Agrimony hat sich bei der Mitbehandlung von Suchtveranlagung, besonders bei der Alkoholkrankheit, bewährt, wenn die Erkrankten Agrimony-Züge erkennen ließen.

Agrimony kann zusammen mit Scleranthus auch stabilisierend bei äußeren Adaptionsschwierigkeiten wirken, zum Beispiel, wenn man im Schichtdienst tätig ist und seinen Schlafrhythmus öfter umstellen muß oder wenn man als Angestellter einer Fluggesellschaft in verschiedenen Zeitzonen unterwegs ist.

Agrimony – Schlüsselsymptome

Man versucht, quälende Gedanken und
innere Unruhe hinter einer Fassade von Fröhlichkeit
und Sorglosigkeit zu verbergen.

da man gern in Frieden lebt und gute Stimmung um sich haben möchte, gerät man durch Mißstimmungen und Streit in seelische Bedrängnis

man tut viel ›um des lieben Friedens willen‹

man bringt fast jedes Opfer, um seinen inneren und äußeren Seelenfrieden aufrechtzuerhalten und Konfrontationen zu vermeiden

seine eigenen Sorgen und seine innere Ruhelosigkeit verbirgt man hinter einer Maske von Witz und Heiterkeit
Motto: ›immer nur lächeln...‹

der gute Eindruck, den man nach außen hinterläßt, ist einem sehr wichtig

man bagatellisiert seine Probleme und spricht von selbst nicht darüber; man gesteht sie nicht einmal ein, wenn man darauf angesprochen wird

um seinen nagenden, sorgenvollen Gedanken zu entfliehen, ist man immer auf Anregung und Abwechslung aus, z. B. Kino, Parties, ›action‹ in jeder Form

man ist gesellig, um seine inneren Nöte in erfreulicher Gesellschaft zu vergessen

man ist der gute Freund, der Friedensstifter, der tolle Kumpel, der Stimmungsmacher auf jeder Party

man greift u. U. zu Alkohol, Tabletten, Drogen, um Schwierigkeiten in guter Stimmung durchstehen zu können und um quälende Gedanken zu besänftigen

man muß immer in Bewegung sein, um nicht zum Nachdenken zu kommen

als Kranker überspielt man seine Beschwerden; man unterhält mit seinen Witzen sogar noch das Pflegepersonal man beunruhigt sich darüber, daß man Vorhaben, wie Abnehmen, sich das Rauchen abgewöhnen u. ä., nicht durchhalten kann

geheimer Seelenschmerz und Einsamkeitsgefühle in der Kindheit, bei Kindern, die normalerweise ihren Kummer schnell vergessen können

Potential im transformierten Zustand

Ausgeglichenheit, Urteilsfähigkeit, Objektivität

echte innere Fröhlichkeit

der vertrauensvolle Optimist, der kluge Diplomat, der unermüdliche Friedensstifter

man kann die Mißhelligkeiten des Lebens integrieren, gibt Problemen den richtigen Stellenwert

man kann tatsächlich über die eigenen Sorgen lachen, weil man sich über ihre relative Unwichtigkeit klar ist

man erkennt die Einheit der Vielheit

Unterstützende Empfehlungen im Agrimony-Zustand

die rosarote Brille abnehmen und Situationen objektiv betrachten

Konflikte bewußt zur Kenntnis nehmen, eventuell schriftlich analysieren, auf dem Papier lösen, zugrunde liegende Prinzipien herausfinden

innere Gegensätze in sich zu erkennen und zu verbinden versuchen

mehr in die Tiefe als in die Breite leben

Stimulantien aufgeben; weniger konsumierend, mehr produzierend leben

Anregungen für positive Programmierungssätze:

›Wo Licht ist, muß auch Schatten sein. – Ich sehe den Tatsachen objektiv ins Auge.‹

›Ich finde Frieden in mir selbst.‹

›Ich genieße auch die dunklen Stunden meines Lebens.‹

›Ich schaffe eine Verbindung zwischen meinen verschiedenen Persönlichkeitsebenen.‹

2

Aspen, Populus Tremula,
Espe oder Zitterpappel

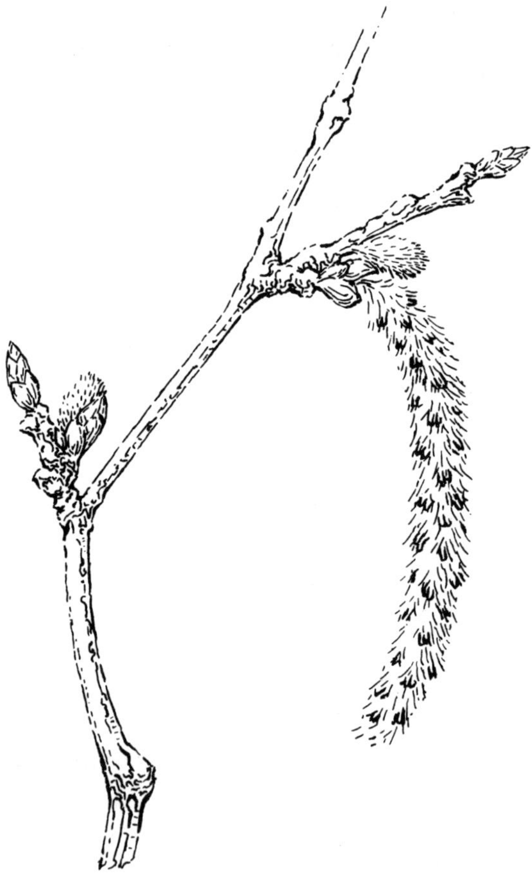

Der schlanke, selten mehr als 2,40 m hohe Baum wächst überall in England. Die männlichen hängenden und die kleineren weiblichen runden Kätzchen erscheinen im März oder April vor dem Laubausbruch.

Prinzip: Aspen ist mit den Seelenpotentialen der Furchtlosigkeit, des Überwindens und der Auferstehung verbunden. Im negativen Aspen-Zustand ist man in unbewußten Angstvorstellungen gefangen.

Aspen – Schlüsselsymptome

Unerklärliche, vage Ängstlichkeiten,
Vorahnungen, geheime Furcht vor irgendeinem
drohenden Unheil.

Symptome im blockierten Zustand

grundlos Gefühle von Angst und Gefahr

plötzlich auftretende Angstzustände beim Alleinsein oder wenn man unter Menschen ist

man fühlt sich unbehaglich, wie ›verhext‹

die Phantasie läuft Amok

angsterfüllt fasziniert von okkulten Phänomenen, abergläubisch

Verfolgungsängste, Bestrafungsängste; Angst vor einer unsichtbaren Macht oder Kraft

Alpträume; man wacht mit panischen Angstgefühlen auf und traut sich nicht, wieder einzuschlafen

Angst vor Gedanken und Träumen über religiöse Themen, Dunkelheit und Tod

›Angst vor der Angst‹, aber man traut sich mit niemandem darüber zu sprechen

Kollektiv-Ängste wie: Angst vor körperlicher Gewalt, Überfällen, Vergewaltigungen, Mißhandlungen, Angst vor Schlangen, Geistern u. ä.

Bei Kindern: Will nicht allein bleiben oder im Dunkeln schlafen, aus Angst vor ›dem schwarzen Mann‹ oder ähnlichen Erscheinungen

man kann ›die Atmosphäre‹ an bestimmten Orten nicht ertragen.

Potential im transformierten Zustand

Die Fähigkeit, sich in subtilere Bewußtseinsebenen hineinzuversetzen. Dadurch Verständnis für religiöse und esoterische Gedankengänge.

Erfassen höherer geistiger Welten. Man fühlt sich von diesen Welten angezogen und macht sich furchtlos auf, sie zu erforschen, ohne Rücksicht auf eventuelle Schwierigkeiten.

3

Beech, Fagus Sylvatica,
Rotbuche

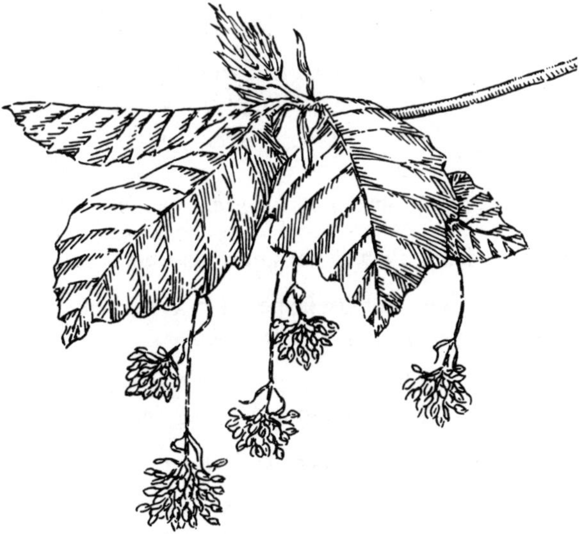

Der bis zu 30 m hohe, stolze Baum wurde früher in England ›Mutter des Waldes‹ genannt. Männliche und weibliche Blüten wachsen auf dem gleichen Baum. Sie blühen im April oder Mai, gleichzeitig mit dem Laubausbruch.

Prinzip: Beech ist verbunden mit den Seelenqualitäten des Mitgefühls und der Toleranz. Im negativen Beech-Zustand reagiert man engstirnig, hart und intolerant.

Beech – Schlüsselsymptome

Man verurteilt andere
ohne jedes Einfühlungsvermögen, ist
überkritisch und wenig tolerant.

Symptome im blockierten Zustand

die Fehler anderer fallen einem sofort ins Auge

man kann kein Verständnis, keine Nachsicht für die Unzulänglichkeiten anderer Menschen aufbringen

man kann sich gefühlsmäßig nicht in andere Menschen hineinversetzen, da die eigenen Gefühle blockiert sind

man sitzt innerlich über andere zu Gericht, sieht deren Fehler und verurteilt sie

man sieht immer nur das Beanstandenswerte und die Schwäche einer Situation, kann aber nicht das Positive wahrnehmen, das daraus entstehen könnte

die Dummheit anderer Menschen macht einem zu schaffen

man reagiert zu Zeiten kleinlich, pedantisch, unnachgiebig

man stößt sich an kleinen Gesten und Sprachgewohnheiten anderer Leute; das Ausmaß der Irritation steht in keinem Verhältnis zum Anlaß

man ist innerlich gespannt, verhärtet

man isoliert sich durch seine überkritische Haltung von seinen Mitmenschen

Potential im transformierten Zustand

geistiger Scharfblick; Verständnis für die verschiedenen menschlichen Verhaltensmuster und individuellen Entwicklungswege

gute diagnostische Fähigkeiten

man steht tolerant mitten im Leben, erkennt die Einheit in der Vielheit

4

Centaury, Centaurium Umbellatum, Tausendgüldenkraut

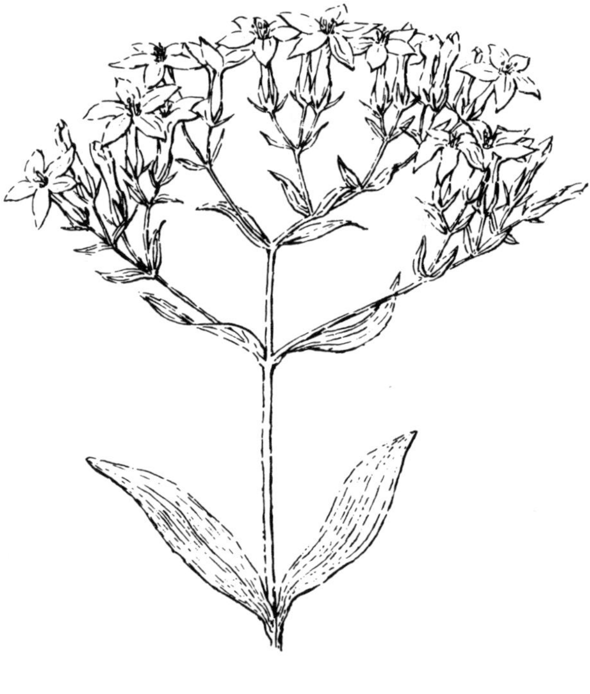

Wächst sehr aufrecht zwischen 5 und 35 cm hoch auf trockenen Feldern, an Wegrändern und öden Plätzen. Die kleinen rosafarbenen Blüten sitzen aufrecht auf der Spitze der Pflanze. Sie blühen zwischen Juni und August und öffnen sich nur bei gutem Wetter.

Prinzip: Centaury ist verbunden mit den Seelenqualitäten der Selbstbestimmung und der Selbstverwirklichung. Im negativen Centaury-Zustand ist die Beziehung zum eigenen Willen gestört.

Centaury – Schlüsselsymptome

Schwäche des eigenen Willens,
Überreaktion auf die Wünsche anderer,
seine Gutmütigkeit wird leicht ausgenutzt,
kann nicht nein sagen.

Symptome im blockierten Zustand

man kann sich schlecht durchsetzen

passiv, willensschwach, fremdbestimmt

willig, fügsam, servil bis unterwürfig

man reagiert eher auf die Wünsche anderer als auf seine eigenen

man spürt sofort, was andere von einem erwarten und kann dann nicht umhin, es auch zu tun

man läßt sich fehlleiten, in dem Wunsch, anderen gefällig zu sein, im Extremfall bis zur Selbstverleugnung

mehr Sklave als bewußter Helfer

man steht unter dem Joch oder der Fuchtel einer anderen egoistischeren Persönlichkeit: Elternteil, Lebenspartner, Vorgesetzter u. ä.

man läßt sich leicht zu etwas überreden, was man eigentlich gar nicht wollte

die eigene Gutwilligkeit wird leicht ausgenutzt

man ist für andere oft das Aschenputtel oder ein seelischer Fußabtreter

man hat wenig Selbstgefühl, läßt sich unbewußt von anderen diktieren, was man zu tun hat

man nimmt unbewußt Gesten, Formulierungen und Meinungen einer stärkeren Persönlichkeit an

leicht ermüdet, blaß, ausgelaugt

man tritt nicht für seine Interessen ein

man gibt oft mehr, als man hat

Gefahr, den eigenen Lebensauftrag zu versäumen

Kinder richten sich stark nach Lob und Tadel.

Potential im transformierten Zustand

man weiß, wann man ja sagt, kann aber auch an der richtigen Stelle nein sagen

man kann sich gut in Gruppen und Ähnliches integrieren, aber dabei immer seine Identität wahren

man dient unaufdringlich und weise nach eigener innerer Zielsetzung

man kann sein Leben seiner wirklichen Aufgabe weihen

5

Cerato, Ceratostigma Willmottiana, Bleiwurz oder Hornkraut

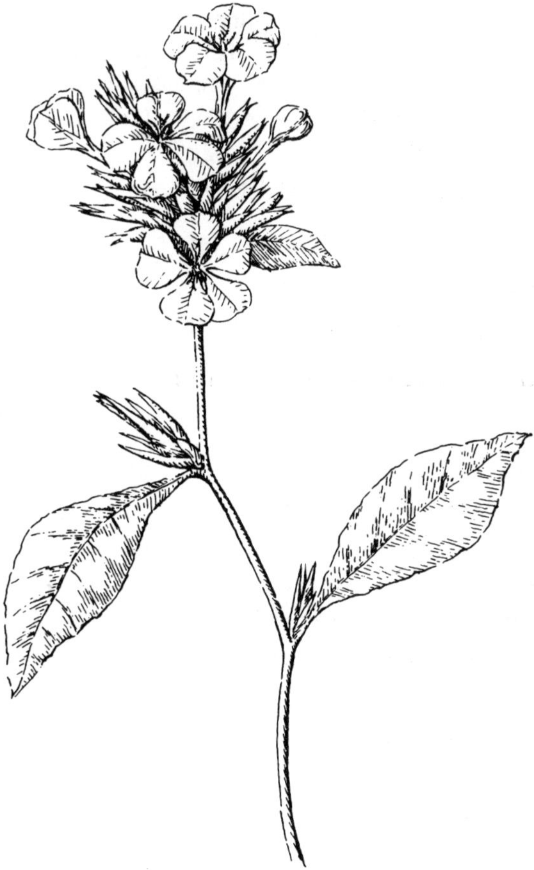

Diese aus dem Himalaja stammende, etwa 60 cm hohe Blume wächst nicht wild, sondern wird in englischen Bauerngärten kultiviert. Die etwa 1 cm langen, tubenförmigen blaßblauen Blüten werden im August und September gesammelt.

Prinzip: Cerato ist verbunden mit dem Prinzip der inneren Gewißheit, mit der ›inneren Stimme‹, mit der Intuition. Im negativen Cerato-Zustand hat man Schwierigkeiten, eigene richtige Erkenntnisse zu akzeptieren, meistens, ohne daß man sich dessen überhaupt bewußt ist.

Cerato – Schlüsselsymptome

Mangelndes Vertrauen in die eigene Intuition.

Symptome im blockierten Zustand

Mißtrauen in die eigene Urteilsfähigkeit

man fragt ständig andere um Rat

man redet viel, nervt andere durch Zwischenfragen

man legt übertriebenen Wert auf die Meinung anderer

übersteigerter Informationshunger

man hortet Wissen, ohne es anzuwenden

man läßt sich durch die Entscheidungen anderer verunsichern

man läßt sich fehlleiten gegen die eigene Überzeugung und zum eigenen Nachteil

eine eben gefällte Entscheidung zweifelt man schon im nächsten Moment wieder an

man sucht die Bestätigung durch Autoritäten

man wirkt auf andere leichtgläubig bis einfältig, sogar dumm

man liebt Konventionen, fragt, was ›in‹ ist

man neigt dazu, Verhaltensweisen anderer nachzuahmen

Kinder streichen in Klassenarbeiten Richtiges wieder durch

Potential im transformierten Zustand

intuitiv und begeisterungsfähig, neugierig, wißbegierig

man kann gut Informationen zusammentragen, verarbeiten und anwenden

man gibt Wissen freudig weiter

gute Koordination von abstraktem und konkretem Denken

man läßt sich von seiner inneren Stimme leiten, vertraut sich und steht zu seinen Entscheidungen

man handelt weise

6
Cherry Plum, Prunus Cerasifera,
Kirsch-Pflaume

Die jungen, dornenlosen Zweige dieses 3–4 m hohen Baumes oder Busches werden in England häufig als Windschutz für Obstplantagen verwendet. Die reinweißen Blüten sind etwas größer als die der Schlehe und des Weißdorns und öffnen sich zwischen Februar und April vor dem Laubausbruch.

Prinzip: Cherry Plum ist verbunden mit dem Prinzip der Offenheit und Gelassenheit. Im negativen Cherry Plum-Zustand versucht man zwanghaft, einen geistig-seelischen Wachstumsprozeß zu unterdrücken.

Cherry Plum – Schlüsselsymptome

Es fällt schwer, innerlich loszulassen;
man hat Angst vor seelischen Kurzschlußhandlungen;
unbeherrschte Temperamentsausbrüche.

Symptome im blockierten Zustand

man fühlt sich seelisch extrem ›gestaut‹

man ringt um seine Selbstbeherrschung

man ist verzweifelt, steht kurz vor einem Nervenzusammenbruch

man befürchtet, daß man gegen seinen Willen etwas Schreckliches anrichtet

entgegen der normalen Veranlagung kommen gewalttätige Impulse in einem hoch; man fürchtet, etwas tun zu müssen, was man sonst nie tun würde

man hat Angst vor unkontrollierbaren geistigen Kräften in seinem Inneren

man fürchtet, verrückt zu werden, durchzudrehen, in eine Nervenheilanstalt zu müssen

man hat das Gefühl, auf einem Pulverfaß zu sitzen

Zwangsvorstellungen, Wahnideen

extreme innere Spannung und Verkrampfung, u. U. zwanghaftes Hin- und Hergehen, zwanghaftes Sich-Beobachten

plötzliche unkontrollierte Wutausbrüche, besonders bei Kindern: Sie werfen sich auf die Erde, schlagen mit dem Kopf an die Wand u. ä.

Eltern fürchten, daß ihnen die Hand ausrutscht, Kindesmißhandlung droht

Potential im transformierten Zustand

Mut, Kraft, Spontaneität

man kann tief in sein Unterbewußtsein eintauchen und dort gewonnene Erfahrungen und Erkenntnisse in sein reales Leben integrieren

man hat Anschluß an ein starkes geistiges Kraftreservoir

man kann größte psychische und physische Torturen durchstehen, ohne ›Schaden an seiner Seele‹ zu nehmen

man kann große geistige Erkenntnisse gewinnen, erkennt seine wahre Lebensaufgabe und kann ganz gewaltige Entwicklungsschritte vollziehen

7

Chestnut Bud, Aesculus Hippocastanum,
Knospe der Roßkastanie

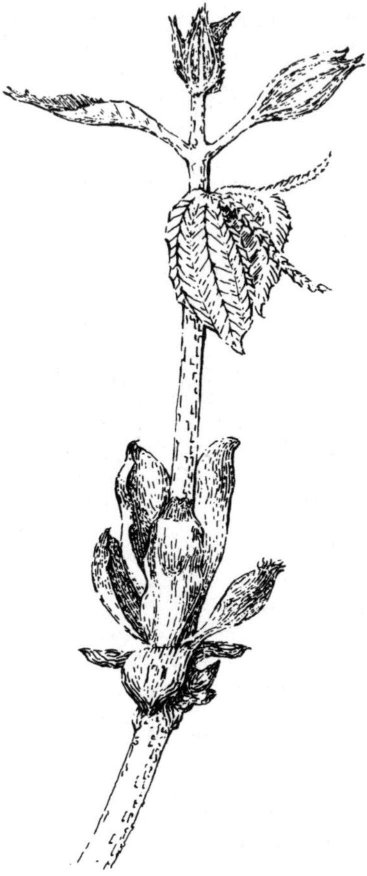

Der gleiche Baum wird auch für die White Chestnut-Essenz verwendet, dort allerdings die Blüten, hier nur die glänzenden Knospen, die unter einer klebrigen Schicht von 14 Häuten Blüte und Blätter zugleich verbergen.

Prinzip: Chestnut Bud ist verbunden mit den Seelenpotentialen des Lernens und der Materialisation. Im negativen Chestnut Bud-Zustand fällt es einem schwer, die innere Gedankenwelt in der richtigen Form mit der materiellen Realität zu koordinieren.

Chestnut Bud – Schlüsselsymptome

Man macht immer wieder die gleichen Fehler,
weil man seine Erfahrungen nicht wirklich verarbeitet und
nicht genug daraus lernt.

Symptome im blockierten Zustand

man gerät immer wieder in die gleichen Schwierigkeiten, führt die gleichen Auseinandersetzungen, baut die gleichen Unfälle usw.

man scheint im Leben nur sehr langsam etwas dazuzulernen, sei es aus Interesselosigkeit, Gleichgültigkeit, innerer Hast oder aus Mangel an Beobachtung

man holt aus seinen Erfahrungen nicht genug für sich heraus; verarbeitet Erlebnisse nicht tief genug

man stürzt sich lieber gleich in eine neue Erfahrung, anstatt die letzte erst einmal auf sich wirken zu lassen

man kommt nicht auf die Idee, auch aus den Erfahrungen anderer Menschen zu lernen

weil man in seinen Gedanken immer schon zwei Schritte weiter ist, reagiert man in der gegenwärtigen Situation oft unaufmerksam, ungeduldig oder uninteressiert

man hat das innere Gefühl, ein Auto mit stotterndem Motor zu fahren

man wirkt auf andere sorglos bis naiv

langsame Lerner, Lern-Blockaden, retardierte Entwicklung

regelmäßig und periodisch auftretende körperliche Krankheitserscheinungen können mit dieser Haltung einhergehen, z. B. Migräne-Anfälle, Akne-Schübe, Anfallsleiden

Potential im transformierten Zustand

man kann leicht innerlich umschalten; gute Lernfähigkeit

geistig rege, man lernt auch aus der Beobachtung des Verhaltens anderer Menschen

man verfolgt alle Lebensereignisse mit Aufmerksamkeit, besonders genau beobachtet man alles Negative und die eigenen Irrtümer

man ist mit seiner Aufmerksamkeit immer in der Gegenwart, jede Erfahrung ist eine innere Bereicherung

man holt aus den täglichen Erfahrungen das Optimale für sich heraus

man kann sich und seine Fehler mit dem gleichen Abstand wie andere Menschen sehen

8

Chicory, Cichorium Intybus, Wegwarte

Die bis 90 cm hohe, weitverzweigte Pflanze wächst auf kiesigen Geröll- und Schotterböden, brachliegenden Feldern und an offenen Wegen. Von den leuchtendblauen, sternförmigen Blüten öffnen sich immer nur einige gleichzeitig. Sie sind sehr empfindlich und verwelken sofort nach dem Abpflücken.

Prinzip: Chicory ist verbunden mit den Seelenpotentialen der Mütterlichkeit und der selbstlosen Liebe. Im negativen Chicory-Zustand sind diese Fähigkeiten ins Negative umgeschlagen und egoistisch auf sich selbst gerichtet.

Chicory – Schlüsselsymptome

Besitzergreifende Persönlichkeitshaltung,
die sich gern einmischt und manipuliert.
Man erwartet von seiner Umgebung volle Zuwendung
und bricht in Selbstmitleid aus,
wenn man seinen Willen nicht bekommt.

Symptome im blockierten Zustand

selbstsüchtig, herrschsüchtig; übermäßig fordernde Haltung

man wacht wie eine Glucke über die Bedürfnisse, Wünsche und Entwicklungen seiner Familie und seines Freundeskreises

man hat ständig etwas anzumerken, vorzuschlagen, richtigzustellen

überfürsorglich, überbetulich

man tut kaum etwas ohne zu überlegen, was dabei für einen selbst ›herausschaut‹

Liebe, die an Bedingungen geknüpft ist: ›Ich liebe dich, wenn…‹

man versucht vieles auf indirektem Weg zu erreichen

man manipuliert, diplomatisiert, verhält sich taktisch geschickt, um seinen Willen durchzusetzen oder Einfluß zu behalten gefühlsmäßige Erpressungen

man möchte überholte Gefühlsbindungen aufrechterhalten, z. B. Mutter-Kind-Verfahren, Braut-Bräutigam-Verhältnis u. ä.

man kann schwer vergeben und vergessen

man hat im stillen Angst davor, Freunde, Beziehungen oder Besitz zu verlieren

man fühlt sich leicht zurückgesetzt, übergangen oder beleidigt

Selbstmitleid: ›Keiner liebt mich‹

man übertreibt in der Schilderung seiner ›Misere‹

man flüchtet sich u. U. in eine Krankheit, um Anteilnahme zu erwecken oder Einfluß auszuüben

wenn man seinen Willen nicht bekommt, wird man sehr ärgerlich und spielt eventuell den Märtyrer

man bricht in Tränen aus über die Undankbarkeit der anderen

man spricht davon ›was der andere einem schuldig ist‹

Kinder, die ständig Zuwendung fordern

psychologische Mutter-Problematik

Potential im transformierten Zustand

›die ewige Mutter‹ (Archetyp)

man kümmert sich mit großer Liebe und echter Hingabe um andere

man schenkt, ohne Gegenleistungen zu erwarten oder zu brauchen

Wärme, Freundlichkeit, Feingefühl; man ist geborgen in sich selbst

man gibt anderen Geborgenheit und Sicherheit

9

Clematis, Clematis Vitalba,
Weiße Waldrebe (volkstümlich auch: Greisenbart)

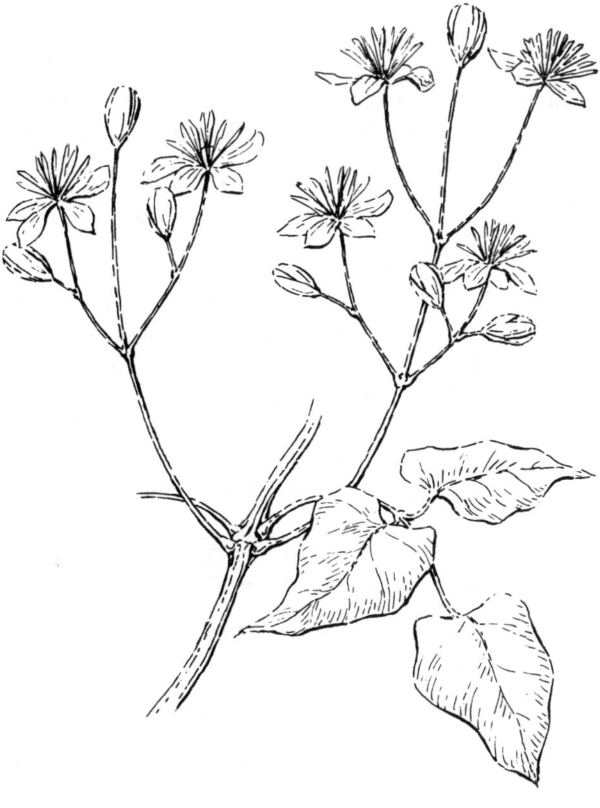

Die holzige Kletterpflanze wächst auf kalkigen Böden, an Böschungen, in Hecken und Wäldern. Der Stamm der älteren, bis 12 m langen Pflanze ist tauähnlich und 2 bis 3 cm dick. Blütezeit von Juli bis September. Die wohlriechenden Blüten haben vier grünlich-weiße, rahmfarbige Kelchblätter. Im Herbst werden die Griffel silbrig-fadenförmig, wie das Haar eines Greises.

Prinzip: Clematis ist mit dem Seelenpotential des schöpferischen Idealismus verbunden. Im negativen Clematis-Zustand versucht die Persönlichkeit am realen Leben möglichst wenig teilzunehmen und sich in eigene phantasievolle Vorstellungswelten zurückzuziehen.

Clematis – Schlüsselsymptome

Tagträumer;
mit den Gedanken immer ganz woanders;
zeigt wenig Aufmerksamkeit für das,
was um ihn herum vorgeht.

Symptome im blockierten Zustand

gedankenverloren, weggetreten, selten ganz da

unaufmerksam, zerstreut, träumt mit offenen Augen

man hat kein akutes Interesse an der Gegenwart, lebt mehr in den Welten seiner Phantasie

›Wanderer zwischen den Welten‹, man fühlt sich in der Realität oft nicht zu Hause

man räumt der Phantasie in seinem Leben sehr viel Raum ein

man wirkt leicht etwas verwirrt, kommt aus dem ›Mustopf‹

man flüchtet sich bei Schwierigkeiten in unrealistische und illusionäre Vorstellungen typischer Blick: kommt aus der Ferne, geht in die Ferne, ›Märchenaugen‹

man wirkt verträumt, verschlafen, nie ganz wach

man reagiert auf schlechte wie auf gute Nachrichten oft mit gleicher Indifferenz

man hat kaum Aggressionen und Ängste, da man nicht voll in der Gegenwart ist

scheint vitalitätsarm, oft auffallend blaß

man hat leicht einmal kalte Hände und Füße oder ein leeres Gefühl im Kopf

schwebendes Gefühl, man fühlt sich manchmal benommen wie unter leichter Narkose

man braucht viel Schlaf, döst gern, kann zu den unmöglichsten Zeiten einnicken

man ›tritt leicht weg‹, Ohnmachtsneigung

schwaches Körpergefühl, stößt sich leicht

schlechtes Gedächtnis, kein Sinn für Einzelheiten, da man sich mangels Interesse nicht mehr die Mühe macht, richtig hinzuhören

Neigung zu Seh- und Hörstörungen, da Augen und Ohren mehr nach innen als nach außen gewendet sind

man zeigt im Krankheitsfall wenig Antrieb, schnell wieder gesund zu werden, da der körperliche Selbsterhaltungstrieb schwach ist

man kann zwischen Phantasie und Realität nicht mehr genau unterscheiden

oft: nicht ausgelebte kreative Begabungen, künstlerisch begabte Menschen in trockenen Brotberufen

man beherrscht seine Gedankenwelt und gewinnt der Realität täglich neue Reize ab, weil man die Zusammenhänge zwischen den verschiedenen Welten und den tieferen Sinn dahinter versteht und akzeptiert

zielgerichtetes Umsetzen der Kreativität in der physischen Realität, z. B. als Schriftsteller, Schauspieler, Grafiker usw.

10
Crab Apple, Malus Pumila,
Holzapfel

Wahrscheinlich ein verwilderter ehemaliger Kulturapfelbaum mit breiter Krone und spornartigen Endzweigen von maximal 10 m Höhe. Er wächst in Hecken, Dickichten und Waldlichtungen. Die herzförmigen Blütenblätter sind außen kräftig rosa, innen weiß mit einer leicht rosa Tönung. Blütezeit: Mai.

Prinzip: Crab Apple ist verbunden mit der Welt der Ordnung, Reinheit und Vollkommenheit. In den negativen Crab Apple-Zustand geraten häufig Menschen, die ganz genaue Vorstellungen darüber haben, wie ihre Umgebung, ihr Körper und ihr Inneres beschaffen sein sollten: makellos. Alles, was von diesen idealen, aber sehr persönlichen Reinhaltsvorstellungen abweicht, verwirrt und belastet sie.

Crab Apple – Schlüsselsymptome

Man fühlt sich innerlich oder äußerlich
beschmutzt, unrein oder infiziert. Detailkrämer.
›Die Reinigungs-Blüte‹.

Symptome im blockierten Zustand

Überbetonung des Reinheitsprinzips auf seelisch-geistiger und/ oder körperlicher Ebene

ausgeprägtes Gefühl für ›seelische Hygiene‹

man verabscheut sich, weil man etwas getan hat, was nicht in Einklang mit seiner wahren inneren Natur steht

man hat das Gefühl, sich von unreinen Gedanken reinwaschen zu müssen

man fühlt sich sündig, befleckt

man bewertet Einzelheiten über und verliert dabei den roten Faden aus dem Auge

man bleibt im Detail stecken, läßt sich von Kleinigkeiten irritieren musterhafte Hausfrau von pedantischer Genauigkeit

alles muß immer wie aus dem Ei gepellt aussehen

empfindlich gegen Unordnung in der Öffentlichkeit und im privaten Lebensbereich

man hat manchmal Schwierigkeiten mit stark erdverbundenen und körperlichen Lebensäußerungen: Stillen, Küssen usw.

man ekelt sich vor sich selbst bei Hautausschlägen, Schweißfüßen, Pickeln, Warzen u. ä.

man ist innerlich allergisch gegen Schmutz, Insekten, Bakterien-Gefahr u. ä.

starkes Reinigungsbedürfnis bis zum Waschzwang

man fürchtet sich vor evtl. verdorbenen Speisen, unsauberen Toiletten, falschen Medikamenten, Umweltverschmutzung usw.

u. U. auch körperliches starkes Ausscheidungsbedürfnis

man möchte auch kleinere Krankheitserscheinungen *sofort* loswerden und ist sehr entmutigt, wenn es nicht gleich klappt

Potential im transformierten Zustand

man ist großzügig und läßt sich von Einzelheiten nicht aus der Fassung bringen

man sieht Dinge in ihrer richtigen Perspektive

Sinn für übergeordnete Zusammenhänge

man erkennt Ungeklärtes in seiner Umgebung und kann es transformieren

11
Elm, Ulmus Procera,
Ulme

Blüht je nach Wetter zwischen Februar und April in Wäldern und Hecken. Die kleinen, sehr zahlreichen, traubenförmigen Blüten öffnen sich vor dem Laubausbruch

Prinzip: Elm berührt das Prinzip der Verantwortlichkeit. Im Gegensatz zu den anderen Bach-Blüten tritt diese Energie meistens in ihrer positiven Form in Erscheinung. In der negativen Form zeigt sie sich als ›die schwachen Momente im Leben der Starken‹, wenn Menschen von überdurchschnittlicher Fähigkeit und Verantwortung plötzlich so erschöpft sind, daß sie das Gefühl haben, ihren Aufgaben nicht mehr gewachsen zu sein.

Elm – Schlüsselsymptome

Das vorübergehende Gefühl,
seiner Aufgabe oder Verantwortung nicht
gewachsen zu sein.

Symptome im blockierten Zustand

man fühlt sich plötzlich von seinen Aufgaben überrollt

man hat das Gefühl, die Verantwortung wächst einem über den Kopf

man hat das Gefühl, nicht genug Kraft zu haben, um alles zu schaffen, was man schaffen muß und will

verzagte Erschöpfungsphasen bei starken Charakteren, denen das sonst gute Selbstvertrauen vorübergehend abhanden gekommen ist

vorübergehende Unzulänglichkeitsgefühle durch Erschöpfung

man zweifelt vorübergehend an seinen Fähigkeiten und an seiner Eignung für eine bestimmte Aufgabe

man weiß nicht mehr, wo man anfangen soll

man hat sich in eine Situation hineinmanövriert, in der man unentbehrlich geworden ist, und glaubt, sich nun der Verantwortung nicht mehr entziehen zu können

man hat zeitweilig zu viele Aufgaben übernommen, kann nun nichts mehr schlucken

Potential im transformierten Zustand

angeborene altruistische Grundhaltung

man folgt einer inneren Berufung

überdurchschnittliche Anlagen, starke Fähigkeiten

positive Führungspersönlichkeit

hohe Verantwortlichkeit

selbstsicher, vertrauensvoll

verantwortungsbewußt, zuverlässig

unerschütterlich in der Überzeugung, daß im richtigen Moment immer Hilfe kommt

man ist bereit, das Unmögliche zu versuchen, wenn es darum geht, Schwierigkeiten für das Ganze zu überwinden

man kann die Probleme in ihrer richtigen Proportion sehen

12

Gentian, Gentiana Amarella, Herbstenzian

Die 15–20 cm hohe Blume wächst auf trockenen karstigen Weiden, Klippen und Dünen. Die zahlreichen, zwischen Blau und Purpur spielenden Blüten werden zwischen August und Oktober gesammelt.

Prinzip: Auch im mitteleuropäischen Raum wird der Enzian mit Gott und Glauben in Verbindung gebracht. Die Bach-Blüte Gentian ist mit dem Konzept des Glaubens verbunden, wobei man das Wort ›Glaube‹ nicht nur religiös interpretieren sollte. Es kann auch der Glaube an den Sinn des Lebens, an eine höhere Ordnung, an ein bestimmtes Lebensprinzip oder eine Weltanschauung sein.

Gentian – Schlüsselsymptome

Skeptisch, zweifelnd, pessimistisch,
leicht entmutigt.

Symptome im blockierten Zustand

man ist deprimiert und weiß auch, warum

man scheint seinen Pessimismus zu bestimmten Zeiten fast zu genießen

zunächst ist man grundsätzlich skeptisch

man meldet in jeder Situation seine Zweifel an

Unsicherheit wird durch Mangel an Glauben und Vertrauen hervorgerufen

man ist bei unvorhergesehenen Schwierigkeiten leicht entmutigt und enttäuscht

vorübergehende Rückschläge ›hauen einen um‹

man kann nicht begreifen, daß die eigene Kleingläubigkeit die Ursache für diese Zustände ist

Potential im transformierten Zustand

die Fähigkeit, mit Konflikten zu leben

die Überzeugung, daß es keine Fehlschläge gibt, wenn man sein Möglichstes getan hat

die Gewißheit, daß sich Schwierigkeiten meistern lassen

unerschütterliche Zuversicht trotz schwieriger Umstände

man sieht ›das Licht in der Dunkelheit‹ und kann dieses Gefühl anderen Menschen vermitteln

13

Gorse, Ulex Europoeus,
Stechginster

Wächst auf steinigen Böden, trockenem Weideland und Heide. Der Stechginster blüht zwischen Februar und Juni.

Prinzip: Gorse verkörpert das Seelenpotential der Hoffnung. Im negativen Gorse-Zustand hat man die Hoffnung aufgegeben.

Gorse – Schlüsselsymptome

Ohne Hoffnung, völlig verzweifelt –
›es hat doch keinen Zweck mehr‹-Gefühl.

Symptome im blockierten Zustand

tief innerlich stagniert die Auseinandersetzung mit dem eigenen Schicksal

man wagt kaum, auf eine Änderung seiner Situation zu hoffen

deprimiert, resigniert, innerlich müde geworden

man hat nicht mehr die Kraft, noch einen Anlauf zu versuchen

man gibt innerlich auf und wartet, daß irgend etwas von außen geschieht

man läßt sich von Angehörigen gegen seine eigene Überzeugung zu weiteren Therapieversuchen überreden, ist dann bei kleinsten Rückschlägen enttäuscht

häufig: man hat als Kind eine schwere chronische Krankheit gehabt oder ist mit chronisch kranken Menschen zusammen aufgewachsen

Potential im transformierten Zustand

man ist überzeugt, daß schließlich alles zu einem guten Ende kommen wird

man gewinnt eine andere Einstellung zu seiner hoffnungslosen Lage, kann sein Schicksal akzeptieren

man erkennt, daß man nie ›nie‹ sagen darf, und kann hoffen

in leichteren Fällen: man bekommt neue Hoffnung auf Genesung, damit ist der erste Schritt zur Heilung getan

14
Heather, Calluna Vulgaris, Schottisches Heidekraut

Nicht zu verwechseln mit der rotblühenden Erika. Sie blüht zwischen Juli und September mit blaurosa, manchmal weißen Blüten auf Heiden, Hochmooren und kahlen offenen Ebenen.

Prinzip: Heather ist verbunden mit den Seelenqualitäten des Einfühlungsvermögens und der Hilfsbereitschaft. Im negativen Heather-Zustand kreist man nur um sich und seine Probleme. U. U. geht man seiner Umgebung mit seinen Problemen auf die Nerven, versucht sie gar auf deren Kosten zu lösen. Dieser Zustand zeigt sich entweder in extrovertierter oder introvertierter Form.

Heather – Schlüsselsymptome

Selbstbezogen, völlig mit sich
beschäftigt, braucht ständig Publikum,
›das bedürftige Kleinkind‹.

Symptome im blockierten Zustand

die Gedanken kreisen nur um die eigenen Probleme, man nimmt sich sehr wichtig

man fühlt den inneren Drang, mit jedem über sich zu sprechen

man reißt in Gesellschaft unwillkürlich das Gespräch an sich und lenkt es auf die eigene Person

in der Absicht, eindringlich zu sein, rückt man beim Sprechen anderen auf die Pelle, hält sie am Ärmel fest, läßt sie nicht entkommen

man ›braucht‹ seine Mitmenschen

man kann nicht allein sein

man neigt dazu, gefühlsmäßig zu übertreiben, macht aus Mücken Elefanten

es fällt einem schwer, anderen zuzuhören

man ist völlig von seiner Gedankenwelt absorbiert, hat für anderes keine Antenne

man gibt sich oft nach außen hin stärker, als man ist, ruft deshalb keine unmittelbare Anteilnahme hervor

oft aus gefühlsarmem Elternhaus stammend, als Kind gefühlsmäßig unterernährt

oft am Anfang des spirituellen Weges, wenn man mit seinem Ich konfrontiert wird und viele innere Erlebnisse nach außen bringen muß

Potential im transformierten Zustand

der verständnisvolle Erwachsene mit viel Einfühlungsvermögen

guter Zuhörer, interessierter Diskussionspartner

man kann ganz in einem anderen Menschen oder in einer Aufgabe aufgehen

man strahlt Stärke und Zuversicht aus

15
Holly, Ilex Aquifolium,
Stechpalme

Der Baum oder Strauch mit den glänzenden immergrünen Blättern und leuchtendroten Beeren gedeiht in Wäldern und an Hecken-Rainen. Die männlichen und weiblichen Blüten sind weiß, leicht duftend und wachsen gewöhnlich auf verschiedenen Pflanzen.

Prinzip: Klanggleich mit dem Wort ›holy‹, heilig, ist die Stechpalme als Weihnachtsbaum der angelsächsischen Länder das Symbol für die Wiedergeburt des Christusbewußtseins in unserem Herzen. Das ist kein Zufall. Die Blüten-Essenz Holly verkörpert das Prinzip der göttlichen, allumfassenden Liebe, die diese Welt erhält und größer ist als die menschliche Vernunft.

Holly – Schlüsselsymptome

Man ist gefühlsmäßig irritiert:
Eifersucht, Mißtrauen, Haß- und Neidgefühle.

Symptome im blockierten Zustand

das Herz ist verhärtet

man ist unzufrieden, unglücklich, frustriert, aber weiß nicht immer, warum

Neid- und Haßgefühle

Eifersucht, Mißtrauen, Rachegefühle

Schadenfreude

man fürchtet, hintergangen zu werden

Mißverständnisse; man beklagt sich über andere

man wittert hinter vielem etwas Negatives

man verdächtigt andere leicht

man fühlt sich häufig gekränkt oder verletzt

man setzt andere innerlich herab

Wut, Ärger, Jähzorn, plötzliche heftige bis handgreifliche Anfälle von schlechter Laune bei Kindern

Potential im transformierten Zustand

man lebt in innerer Harmonie und strahlt Liebe aus

tiefes Verständnis für die menschliche Gefühlswelt

man kann sich an den Leistungen und Erfolgen anderer freuen, auch wenn es einem selbst schlecht geht

man hat Sinn für die Ordnung der Welt und kann jeden an seinem rechtmäßigen Platz anerkennen

16
Honeysuckle, Lonicera Caprifolium,
Geißblatt, Jelängerjelieber

Die kräftige, wohlduftende Kletterpflanze wächst in Wäldern, an Waldrändern und auf Heideböden. Die außen roten und innen weißen Blütenblätter färben sich bei der Bestäubung gelb. Sie ist seltener als der gelbe ›Jelängerjelieber‹ und blüht zwischen Juli und August.

Prinzip: Honeysuckle berührt das Prinzip der Wandlungsfähigkeit und Verbindung. Im Honeysuckle-Zustand ist man nicht genügend mit dem Lebensfluß verbunden.

Honeysuckle – Schlüsselsymptome

Sehnsucht nach Vergangenem;
Bedauern über Vergangenes; lebt nicht
in der Gegenwart.

Symptome im blockierten Zustand

man bezieht sich ständig auf Vergangenes, innerlich und in der Unterhaltung mit anderen

man glorifiziert die Vergangenheit und möchte am liebsten wieder alles so wie früher haben

man denkt mit Wehmut an vergangene schöne Zeiten zurück

man kommt über den Verlust eines geliebten Menschen nicht hinweg (z. B. Elternteil, Kind, Ehepartner)

man lebt ganz in seinen Erinnerungen

Heimweh

man bedauert eine verpaßte Chance oder einen unerfüllt gebliebenen Wunschtraum

man hat wenig Interesse an aktuellen Problemen, weil man gedanklich in der Vergangenheit weilt

Sehnsucht, noch einmal von vorne anfangen zu können

ein bestimmtes vergangenes Ereignis ist noch so gegenwärtig, ›als sei es gestern gewesen‹

u. U.: besonders schwache Kindheitserinnerung

Potential im transformierten Zustand

man hat ein lebendiges Verhältnis zur Vergangenheit, aber lebt in der Gegenwart

man hat aus vergangenen Erfahrungen gelernt, hält aber nicht mehr daran fest

man kann Schönes aus der Vergangenheit in die Gegenwart herüberretten

man kann (z. B. als Schriftsteller, Archäologe, Historiker) die Vergangenheit wieder lebendig werden lassen

17
Hornbeam, Carpinus Betulus,
Weißbuche oder Hainbuche

Dieser, der Rotbuche ähnliche, aber kleinere und grünere Baum wächst einzeln oder gruppenweise in Hoch- und Niederwäldern. Die hängenden männlichen und die aufrechtwachsenden weiblichen Blüten öffnen sich im April oder Mai.

Prinzip: Hornbeam ist verbunden mit dem Seelenpotential der inneren Lebendigkeit und geistigen Frische. Im negativen Hornbeam-Zustand fühlt man sich müde und erschöpft wie ein ausgeleiertes Gummiband, aber das spielt sich weitgehend im Kopf ab.

Hornbeam – Schlüsselsymptome

Mentale Erschöpfung.
Man glaubt, man wäre zu schwach,
um die täglichen Pflichten zu bewältigen,
schafft es dann aber doch.

Symptome im blockierten Zustand

man fühlt sich kopflastig, müde und erschlafft

inneres Katergefühl, ›Montagmorgengefühl‹

der Kopf brummt nach zu langem Fernsehen, zu vielem Lesen, zu vielem Lernen und anderen sensuellen Überladungen

man fühlt sich saft- und kraftlos, geistig träge

man zweifelt morgens im Bett daran, daß man die Tageslast bewältigen wird, ist man dann in Gang, wird es besser

man hat keinen Schwung mehr

nach längerem Krankenlager: man glaubt, daß man noch nicht wieder genug Kraft hat, um arbeiten zu können, obwohl es objektiv nicht stimmt

man glaubt, ohne Stimulantien, wie Kaffee, Tee oder Kräftigungsmittel nicht mit einer Arbeit anfangen zu können man wird munter, wenn man durch interessante Aufgaben von seiner lähmenden Müdigkeit abgelenkt wird

das Leben ist zu sehr durchorganisiert und eingefahren

seelische Ermüdung durch jahrzehntelange Routineanforderungen

man steht morgens müder auf, als man sich abends hingelegt hat

möglicherweise: Druck oder Brennen in oder um die Augen herum

oft: Bindegewebsschwäche durch mangelnde seelische Spannkraft

oft bei Menschen, die aus ›alten Familien‹ stammen

Potential im transformierten Zustand

lebhafter Geist, klarer, kühler Kopf, Sinn für Abwechslung

man ist sicher, daß man seine Aufgaben in den Griff bekommt, selbst wenn diese scheinbar die Kräfte übersteigen

18

Impatiens, Impatiens Glandulifera,
Drüsentragendes Springkraut
(volkstümlich englisch auch: Polizisten-Helm)

Die fleischige, bis 180 cm hohe Pflanze wächst an Flüssen, Kanalbänken und auf anderen tiefliegenden feuchten Böden. Sie blüht zwischen Juli und September in einem blassen oder rötlichen Mauve-Ton.

Prinzip: Impatiens ist mit den Seelenqualitäten der Geduld und Sanftmut verbunden. Im negativen Impatiens-Zustand ist man ungeduldig und reagiert aus innerer Anspannung heraus gegenüber seiner Umwelt leicht gereizt.

Impatiens – Schlüsselsymptome

Ungeduldig, leicht gereizt, überschießende Reaktionen.

Symptome im blockierten Zustand

mentale Spannungen durch hohes inneres Tempo

alles soll schnell und reibungslos laufen

man kann schlecht abwarten, daß Dinge sich entwickeln

Menschen, die langsamer arbeiten, irritieren, frustrieren, ›machen einen wahnsinnig‹

ungeduldig und undiplomatisch mit langsameren Mitmenschen

man nimmt anderen vor Ungeduld das Wort aus dem Mund

man nimmt anderen vor Ungeduld die Sachen aus der Hand

man trifft aus Ungeduld Hals-über-Kopf-Entscheidungen

man treibt andere zur Eile an

man arbeitet am liebsten allein in seinem eigenen Tempo

starkes Unabhängigkeitsbedürfnis

man geht leicht hoch wie eine Stichflamme, dann schroff, brüsk, aber der Zorn ist schnell wieder verraucht

Kinder, die nicht stillsitzen können

durch innere Hochspannung trotz schneller Reaktionsfähigkeit unfallgefährdet

nervöse Handbewegungen, Zappelphilipp

weil das Kräftereservoir durch Hochtourigkeit schnell erschöpft ist, sind kurzfristige Erschöpfungszustände und nervlich verursachte, plötzliche Spannungsschmerzen möglich

Potential im transformierten Zustand

schnell in Auffassung, Denken und Handeln

innerlich unabhängig

überdurchschnittlich fähig

Geduld, Zartgefühl

Sanftmut, Mitgefühl und Verständnis für andere

man kann seine Fähigkeiten diplomatisch für die Allgemeinheit nutzbar machen

19
Larch, Larix Decidua,
Lärche

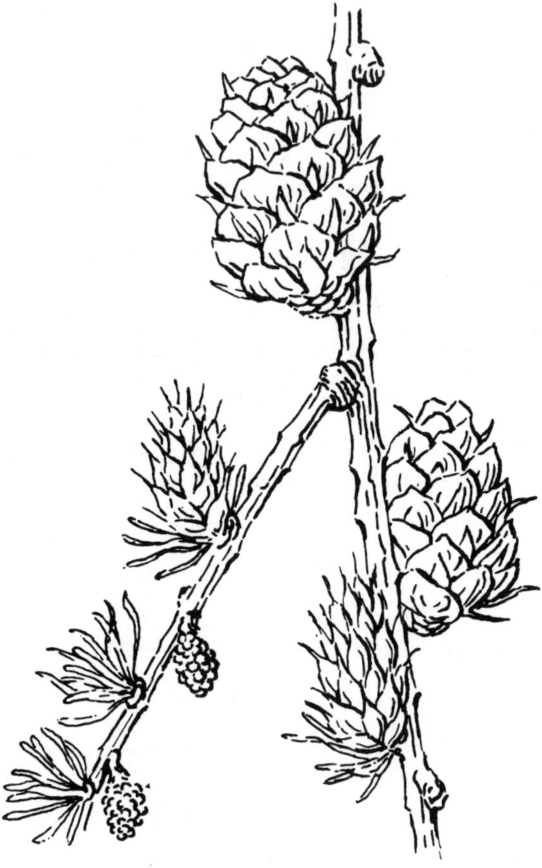

Der bis zu 30 m hohe Baum wächst auf Hügeln und an Waldrändern. Die männlichen und weiblichen Blüten wachsen auf dem gleichen Baum. Sie öffnen sich zur gleichen Zeit, in der die Nadeln als winzige hellgrüne Tuffs sichtbar werden.

Prinzip: Larch ist verbunden mit der Seelenqualität des Selbstvertrauens. Im negativen Larch-Zustand fühlt man sich anderen Menschen von vornherein unterlegen.

Larch – Schlüsselsymptome

Erwartung von Fehlschlägen durch Mangel an Selbstvertrauen, Minderwertigkeitsgefühl.

Symptome im blockierten Zustand

man fühlt sich anderen Menschen von vornherein unterlegen

was man an anderen bewundert, traut man sich selbst nicht zu

man erwartet grundsätzlich Fehlschläge

man ist fest davon überzeugt, daß man es nicht schaffen kann, und versucht es deshalb gar nicht erst

man ist zögernd und passiv durch Mangel an Selbstvertrauen

man schiebt Krankheit vor, um eine Sache nicht in Angriff nehmen zu müssen

falsche Bescheidenheit aus Mangel an Selbstvertrauen

man fühlt sich nutzlos und impotent

Kinder fühlen sich in der Schule als Versager

Potential im transformierten Zustand

man nimmt Dinge realistisch in Angriff

man hält durch, auch bei Rückschlägen

man kann Situationen nüchtern einschätzen

20

Mimulus, Mimulus Guttatus,
Gefleckte Gauklerblume

Die etwa 30 cm hohe, in England eingebürgerte Pflanze mit ihren großen gelben Einzelblüten gedeiht an Wasserläufen, Bächen und auf feuchten Plätzen.

Prinzip: Mimulus ist verbunden mit den Seelenqualitäten der Tapferkeit und des Vertrauens. Im negativen Mimulus-Zustand muß man lernen, seine Ängste zu überwinden.

Mimulus – Schlüsselsymptome

Scheu, Furchtsamkeit;
Angst vor der Welt; Ängstlichkeiten,
die man benennen kann.

Symptome im blockierten Zustand

schüchtern, zurückhaltend, körperlich sehr empfindlich

man ängstigt sich vor einer Situation, aber behält seine Befürchtungen für sich

einzelne spezifische weltliche Ängste und ›Phobien‹ z. B.:

Angst vor Kälte, Angst vor der Dunkelheit, Angst vor Krankheit und Schmerzen,
Angst vor Krebs, Angst vor dem Tod, Angst vor der Zukunft,
Angst vor Unfällen, Angst um die Gesundheit, Angst davor, Freunde zu verlieren,
Angst vor Spinnen, Mäusen, Hunden usw.
Angst vor dem Telefonieren, Angst vor neuen Situationen,
Platz-Angst, Schwellen-Angst, Lampenfieber,
Angst davor, ins Krankenhaus zu kommen u.v.a.

Überempfindlichkeiten aller Art, z. B.:

gegen Kälte, Lärm, grelles Licht, lautes Sprechen, starke Gerüche, Widerspruch, man möchte nicht angesprochen werden usw.

aus Ängstlichkeit innerlich angespannt, zeitweise Sprachschwierigkeiten oder Stottern, nervöses Lachen, man redet aus Nervosität besonders viel

man wird leicht rot

man schiebt aus Ängstlichkeit Dinge vor sich her

man hat Angst davor, allein zu sein, ist trotzdem in Gesellschaft schüchtern und nervös

man wird sehr ängstlich, wenn man auf Widerstand stößt oder etwas nicht klappt

die Gegenwart von anderen laugt einen aus

man ist übervorsichtig während der Genesung: man traut sich z. B. nicht, sein gebrochenes und nun geheiltes Bein wieder zu bewegen

man wird leicht krank, wenn Dinge, vor denen man Angst hat, auf einen zukommen

Babys weinen morgens beim Aufwachen ohne erkennbare Ursache

Kinder klammern sich ängstlich an die Mutter, z. B. in Menschenansammlungen, im dunklen Treppenhaus, beim Anblick von Hunden usw.

Potential im transformierten Zustand

feiner, sensibler Zeitgenosse

man ist über seine Ängste hinausgewachsen und kann mit heiterer Gelassenheit auf die Welt zugehen

persönliche Tapferkeit und Verständnis für andere in ähnlichen Lebenslagen

21

Mustard, Sinapis Arvensis, Wilder Senf

Die 30 bis 60 cm hohe, aufrechte Pflanze wächst in Feldern und an Wegrändern. Ihre leuchtend gelben Blüten sind zunächst doldenförmig und entwickeln sich schnell zu länglichen Samenschoten. Blütezeit Mai bis Juli.

Prinzip: Mustard ist verbunden mit den Seelenqualitäten der Heiterkeit und lichten Klarheit. Im negativen Mustard-Zustand ist man von düsterer Schwermut umfangen.

Mustard – Schlüsselsymptome

Perioden tiefer Traurigkeit
kommen und gehen plötzlich ohne
erkennbare Ursache.

Symptome im blockierten Zustand

tiefe Schwermut, Weltschmerz

etwas Schweres, Schwarzes, Unbekanntes senkt sich herab; die Seele trauert

Düsternis umhüllt aus heiterem Himmel die Persönlichkeit wie eine schwarze Wolke

man fühlt sich vom normalen Leben ausgeschlossen, alle Lichter sind ausgegangen, inneres Totensonntaggefühl

man findet keinen logischen Zusammenhang zwischen diesem Zustand und seinem sonstigen Leben

schwere Melancholie, in der die Gegenwart kaum zur Kenntnis genommen wird

völlig introvertiert, in Trauer gefangen

man kann diese Stimmung anderen gegenüber nicht überspielen

man kann dieser Stimmung nicht mit Vernunftargumenten beikommen man ist diesem Gefühl ausgeliefert, so lange, bis es plötzlich von selbst verschwindet; dann ist man wie aus einer Gefangenschaft befreit

man fürchtet diese Zustände, weil man sie nicht in den Griff bekommt

Potential im transformierten Zustand

man geht mit innerer Klarheit, Heiterkeit und Stabilität durch helle und dunkle Tage

22
Oak, Quercus Robur,
Eiche

Die Eiche, einer der heiligen Bäume unserer Vorfahren, wächst in Wäldern, Hainen und auf Wiesen. Sie blüht Ende April oder Anfang Mai. Die männlichen und weiblichen Blüten sind auf dem gleichen Baum.

Prinzip: Oak ist verbunden mit dem Seelenpotential der Kraft und der Ausdauer. Im negativen Oak-Zustand werden diese Charakterzüge zu starr gehandhabt.

Oak – Schlüsselsymptome

Der niedergeschlagene und erschöpfte Kämpfer,
der trotzdem tapfer weitermacht und nie aufgibt.

Symptome im blockierten Zustand

pflichttreu, zuverlässig, zäh

man neigt dazu, sich zu überarbeiten, ist dann innerlich niedergeschlagen und verzagt

man ist völlig ausgelaugt und abgerackert, klagt aber nie

man zeigt eine fast übermenschliche Ausdauer und Geduld

man ist unermüdlich und beharrlich in seinen Bemühungen, gibt nie auf

man kämpft tapfer gegen alle Schwierigkeiten, ohne die Hoffnung zu verlieren

man arbeitet oft nur noch aus Pflichtgefühl

man trägt die Bürde der anderen mit

man ignoriert seinen natürlichen Ruhe-Impuls

man bemüht sich, seine Müdigkeit und Schwäche nicht nach außen sichtbar werden zu lassen

man wird bewundert, weil man sich nicht unterkriegen läßt

<u>Potential im transformierten Zustand</u>

man ist ausdauernd, zuverlässig, standhaft, stark, vernünftig

man kann große Belastungen souverän durchstehen

man überwindet die Widrigkeiten des Lebens mit Mut und Beharrlichkeit

23

Olive, Olea Europoea,
Olive

Der mediterrane immergrüne Olivenbaum blüht je nach Land in verschiedenen Frühlingsmonaten. Jeder Blütenstand trägt 20 bis 30 unauffällige weiße Blüten.

Prinzip: Den Zweig eines Ölbaumes bringt die Taube zu Noah als Zeichen, daß die Sintflut zu Ende ist und wieder Ruhe und Frieden auf der Erde einkehren. Ähnlich ist auch die Blütenessenz Olive mit dem Prinzip der Regeneration, des Friedens und des wiederhergestellten Gleichgewichtes verbunden.

Olive – Schlüsselsymptome

Man fühlt sich körperlich
und geistig ausgelaugt und erschöpft:
›Alles ist zuviel.‹

Symptome im blockierten Zustand

energetischer Offenbarungseid, ›alles ist zuviel‹

Erschöpfung nach lang anhaltender Überforderung oder langer körperlicher Krankheit

man fühlt sich völlig ausgelaugt, total am Ende

man braucht viel Schlaf

man kann nichts mehr unternehmen und hat zu nichts mehr Lust

tiefe innere Müdigkeit nach Zeiten starker innerer Kämpfe und Wandlungen, in denen viel psychische Energie verbraucht wurde

Erschöpfung durch lange aufopfernde Krankenpflege

man kann mit seiner Lebensenergie nicht richtig umgehen

Phasen großer Leistungsfähigkeit und extremer Erschöpfung wechseln immer wieder im Leben ab

Potential im transformierten Zustand

große Kraft und Vitalität

man verfügt über scheinbar unerschöpfliche Energiereserven

man überläßt sich in Belastungsphasen völlig der inneren Führung und kann so die größten Anstrengungen mit Vitalität und guter Laune bewältigen

24

Pine, Pinus Sylvestris,
Schottische Kiefer

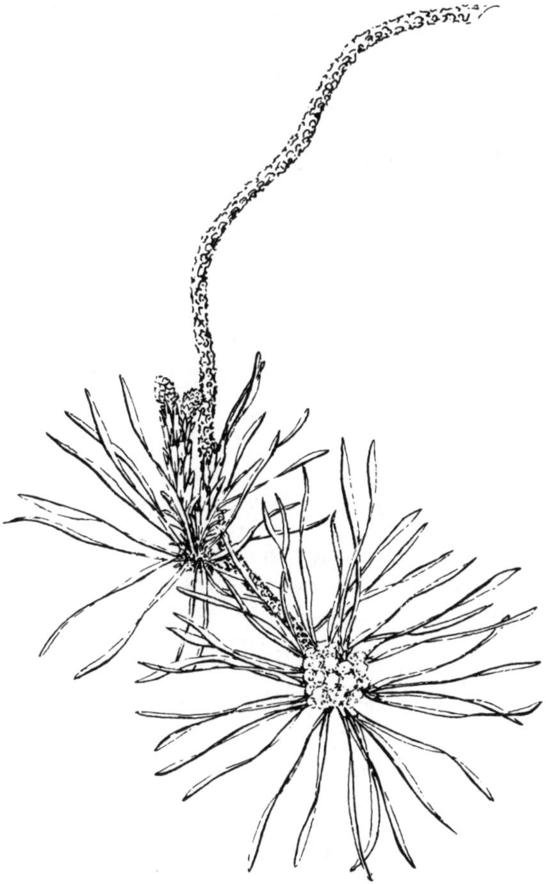

Der bis zu 30 m hohe schlanke Baum mit unten braunroter und weiter oben orange-brauner Rinde wächst in Wäldern und auf sandigen Heideböden. Die männlichen und weiblichen Blüten sind reichlich mit gelben Pollen bedeckt.

Prinzip: Pine steht im Zusammenhang mit den Seelenqualitäten der Reue und des Verzeihens. Im negativen Pine-Zustand hält man innerlich hartnäckig an seiner Schuld fest.

Pine – Schlüsselsymptome

Selbstvorwürfe, Schuldgefühle, Mutlosigkeit.

Symptome im blockierten Zustand

man braucht im Gespräch oft entschuldigende Formulierungen

man kann etwas nicht verzeihen, lastet sich etwas an

man bekommt sehr leicht ein schlechtes Gewissen

man nimmt in vieldeutigen Situationen die Schuld für andere mit auf sich

man fühlt sich für die Fehler anderer verantwortlich

man stellt Höchstanforderungen an sich – mehr als an andere – und fühlt sich innerlich schuldig, wenn man sie nicht erfüllen kann

man wirft sich auch bei Erfolgen noch innerlich vor, daß man dieses oder jenes nicht noch besser gemacht hat

man schaut mehr auf seine Grenzen als auf seine Möglichkeiten, untergräbt sich selbstzerstörerisch durch negative Selbstkonzepte

man arbeitet übergewissenhaft und setzt sich dadurch leicht unter emotionalen Streß

man fühlt sich wertlos, minderwertig, ein ›underdog‹, der auf seine Prügel wartet man entschuldigt sich dafür, daß man krank oder deprimiert oder erschöpft ist

man fühlt sich tief innerlich als Feigling

es fällt einem schwer, etwas anzunehmen, weil man unbewußt glaubt, nichts verdient zu haben

man fühlt sich schuldig, wenn man anderen deutlich die Meinung sagen muß

man gönnt sich wenig, steckt sofort zurück, wenn mehr Nachfrage als Angebot besteht

man meint, daß man keine Liebe verdient hätte, verweigert sich innerlich die Existenzberechtigung: »Entschuldigen Sie, daß ich geboren bin.«

oft kindlich-ängstliche Grundhaltung

manchmal masochistisch gefärbter Aufopferungsdrang

übertriebene Unterbewertung seiner selbst, negativer Narzißmus

oft unterbewußt stark religiös gefärbte Konzepte von Gut und Böse, Sexualität als Sünde, Erbsündevorstellungen u. ä.

Potential im transformierten Zustand

man gesteht sich gemachte Fehler ein, akzeptiert sie, aber hält nicht daran fest

man empfindet echte Reue statt Schuld, kann sich vergeben und vergessen

tiefes Verständnis für das Menschsein, besonders für die menschlichen Gefühle

man nimmt die Lasten anderer mit auf sich, aber nur, wenn es sinnvoll ist

große Geduld, Demut, innere Bescheidenheit

wahres Verständnis des christlichen Erlösungsgedankens

25
Red Chestnut, Aesculus Carnea,
Rote Kastanie

Zierlicher und weniger robust als die weiße Roßkastanie, findet man diesen Baum häufig in Alleen. Er blüht im späten Mai oder Anfang Juni mit kräftig rosaroten Blüten auf großen pyramidenförmigen Blütenständen.

Prinzip: Red Chestnut ist mit den Seelenpotentialen der Fürsorge und der Nächstenliebe verbunden. Charakteristisch für den Red Chestnut-Zustand ist eine starke energetische Verbindung zwischen zwei Individuen.

Red Chestnut – Schlüsselsymptome

Man macht sich mehr Sorgen
um das Wohlergehen anderer Menschen
als um das eigene.

Symptome im blockierten Zustand

starke innere Verbundenheit mit anderen geliebten Personen

man ist überbesorgt um die Sicherheit von anderen (Kindern, Partner), hat dabei keine Angst um sich selbst

man zerbricht sich den Kopf über die Sorgen von anderen

man erlebt das Leben eines anderen mit, so als wäre es das eigene

man glaubt, daß dem anderen etwas zugestoßen sein könnte, wenn er sich verspätet

man hat Angst, daß sich hinter harmlosen Beschwerden des anderen eine schlimme Krankheit verbergen könnte

wenn man sieht, wie etwas ›gerade noch mal gutgegangen‹ ist, stellt man sich vor, was alles Schlimmes hätte passieren können

man hat sich von einem bestimmten Menschen nie richtig abnabeln können

Eltern ermahnen ihre Kinder ständig zur Vorsicht

Potential im transformierten Zustand

die Fähigkeit, in schwierigen Situationen auf andere Menschen positive Gedanken der Sicherheit, Gesundheit und des Mutes auszustrahlen

man kann andere aus der Ferne positiv beeinflussen und lenken

man behält in Notfällen geistig und körperlich die Übersicht

26

Rock Rose, Helianthemum Nummularium, Gelbes Sonnenröschen

Rankt als buschige vielzweigige Pflanze auf Kalkstein, kiesigem Boden und grasbedecktem Kreidekalk-Hügelland. Die strahlend-gelben Blumen blühen zwischen Juni und September, meistens nur ein bis zwei Blüten zur gleichen Zeit.

Prinzip: Rock Rose ist verbunden mit den Seelenqualitäten des Mutes und der Standhaftigkeit. Rock Rose ist eine der wichtigen Blüten in Rescue Remedy.

Rock Rose – Schlüsselsymptome

Innere Panik; Terrorgefühle.

Symptome im blockierten Zustand

man neigt dazu, schnell in innere Panik zu geraten

plötzliche eskalierende Angstgefühle in körperlichen oder seelischen Ausnahmezuständen

Terror, Horror, blankes Entsetzen, das Nervensystem spielt verrückt

man ist vor Angst wie von Sinnen: hört nichts mehr, sieht nichts mehr, sagt nichts mehr, und das Herz bleibt einem fast stehen

Angstzustände bei Unfällen, Naturkatastrophen, lebensgefährlichen Verletzungen

oft bei Kindern, die leicht Herzklopfen und feuchte Hände bekommen

man hat nervlich nicht viel zuzusetzen

der Solarplexus schmerzt oder fühlt sich an wie ein Stein

oft bei Menschen, die lange Zeit Drogen konsumiert haben

oft bei Menschen aus nervlich labilen Familien

Potential im transformierten Zustand

Heldenmut

man kann in Ausnahmezuständen und Krisensituationen über sich hinauswachsen und fast übermenschliche Kräfte mobilisieren

man setzt sich für das Wohl von anderen ein, ohne Rücksicht auf Gefahr für die eigene Person

27

Rock Water, Wasser aus heilkräftigen Quellen

Keine Pflanze, sondern präpariertes Wasser aus nicht kultivierten Quellen in unberührter Natur, denen die Bewohner der Umgebung seit Menschengedenken eine heilkräftige Wirkung nachsagen. Man findet solche halbvergessenen Quellen, die zwischen Bäumen und Gräsern nur dem freien Spiel von Sonne und Wind ausgesetzt sind, heute noch in vielen Teilen Englands.

Prinzip: Rock Water ist mit den Seelenqualitäten der Anpassungsfähigkeit und der inneren Freiheit verbunden. Im negativen Rock Water-Zustand ist man in starren theoretischen Maximen und realitätsfernen Vorstellungen gefangen.

Rock Water – Schlüsselsymptome

Strenge und starre Ansichten,
unterdrückte Bedürfnisse, man ist zu hart zu sich selbst.

Symptome im blockierten Zustand

starkes Perfektionsstreben

man unterwirft sein Leben strengen Theorien und manchmal übertriebenen Idealvorstellungen

man versagt sich vieles, weil man glaubt, daß es sich mit seinem Lebensprinzip nicht vereinbaren läßt; dabei geht Lebensfreude verloren

man tut alles, um in Höchstform zu kommen und zu bleiben; Selbstdisziplin wird groß geschrieben

man hat sich höchste Maßstäbe gesetzt und zwingt sich fast bis zur Selbstaufgabe, danach zu leben

man erkennt nicht, welchen Zwängen man sich täglich aussetzt

falsch verstandene Spiritualität: man krallt sich an einem faßbaren Teilaspekt (Meditationstechnik, Diätvorschrift o. ä.) fest und macht diesen zu seiner heiligen Kuh man strebt zwanghaft nach geistiger Höherentwicklung, hält aber an bestimmten eigenen Verdrängungen hartnäckig fest

man glaubt, daß weltliche Gelüste die geistige Entwicklung behindern, man will schon auf Erden ein Heiliger sein: Asketen, Fakire, geistige Flagellanten

man unterdrückt wesentliche körperliche und emotionale Bedürfnisse

man geht sich in der Meditation selbst in die Falle, weil man zu stark ›will‹

man mischt sich nicht in die Lebensführung von anderen ein, weil man völlig mit der eigenen Vervollkommnung beschäftigt ist

oft strikte Vegetarier, Makrobioten, Antialkoholiker usw.

man macht sich Vorwürfe, wenn man seine strengen Disziplinen nicht durchhalten kann

die physischen Bedürfnisse sind nicht gut integriert, daher bei Frauen oft Regelbeschwerden

viel Streßerscheinungen im Körper

Potential im transformierten Zustand

der offene Idealist; er kann von seinen Theorien und Grundsätzen abgehen, wenn er mit einer neuen Erkenntnis oder tieferen Wahrheit konfrontiert wird

man läßt sich nicht von anderen beeinflussen, weil man weiß, daß man die richtige Erkenntnis zur richtigen Zeit in sich selbst finden wird

man kann hohe Ideale in die Praxis umsetzen und vorleben

man ist durch seine Lebensfreude und seinen inneren Frieden ein natürliches Vorbild für andere

28

Scleranthus, Scleranthus Annuus,
Einjähriger Knäuel

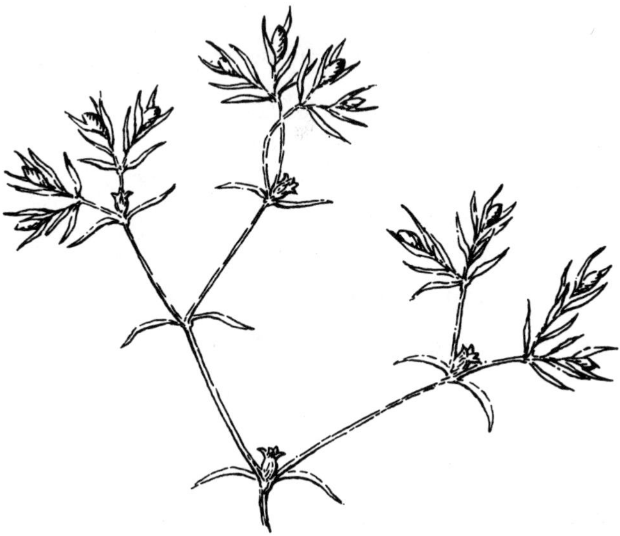

Die 5 bis 70 cm hohe buschige oder kriechende Pflanze besitzt einen vielfältig verflochtenen Stengel und wächst in Weizenfeldern sowie auf Sand- und Kiesböden. Sie blüht von Juli bis September mit kleinen blaßgrünen oder dunkelgrünen Blütenbüscheln.

Prinzip: Scleranthus ist verbunden mit den Seelenpotentialen der inneren Balance und der Eindeutigkeit in der Vielseitigkeit. Im negativen Scleranthus-Zustand schwankt man zwischen zwei Extremen hin und her.

Scleranthus – Schlüsselsymptome

Unschlüssig;
sprunghaft; innerlich unausgeglichen.
Meinung und Stimmung wechseln
von einem Moment zum anderen.

Symptome im blockierten Zustand

unentschlossen aus innerer Ruhelosigkeit

man ist gedanklich ständig zwischen zwei Möglichkeiten hin- und hergerissen

extreme Stimmungsschwankungen: Weinen und Lachen, himmelhochjauchzend – zu Tode betrübt

man nimmt viele Impulse auf, hüpft gedanklich hin und her wie ein Grashüpfer

wegen seiner wechselhaften Anschauungen wirkt man auf andere unzuverlässig

Mangel an innerem Gleichmaß und innerer Balance, Nervenkrisen

unkonzentriert, man springt im Gespräch von Thema zu Thema

wegen innerer Wankelmütigkeit verliert man wertvolle Zeit und verpaßt privat und beruflich manche gute Gelegenheit

man fragt bei einem inneren Konflikt andere nicht um Rat, sondern versucht selbst, zu einem Entschluß zu kommen

oft zerfahrene und ruckartige Gesten

körperliche Begleiterscheinungen der fehlenden, energetischen Balance können u. a. sein:
extremer Wechsel zwischen Aktivität und Apathie,
körperliche Temperaturen steigen und fallen schnell,
die Symptome wandern im ganzen Körper hin und her:
heute tut's hier weh, morgen woanders.
Gleichgewichtsstörungen aller Art,
Reisekrankheiten: Luft, Schiff, Auto,
Wechsel zwischen extremem Heißhunger und Appetitlosigkeit,
Wechsel zwischen Durchfall und Verstopfung,
Schwangerschaftserbrechen und vieles mehr.

Potential im transformierten Zustand

Konzentrationskraft und Entschlossenheit

man hält sein inneres Gleichgewicht unter allen Umständen

vielseitig und flexibel, man kann immer mehr Möglichkeiten in sein Leben integrieren

man trifft aus dem Moment heraus mit traumwandlerischer Sicherheit die richtigen Entscheidungen

seine Gegenwart wirkt beruhigend auf andere Menschen

29

Star of Bethlehem, Ornithogalum Umbellatum, Goldiger Milchstern

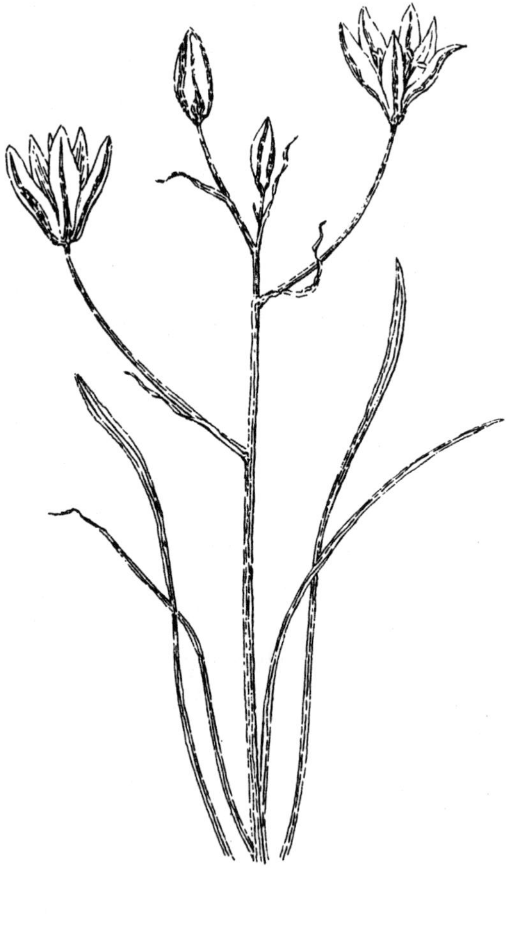

Die der Zwiebel und dem Knoblauch verwandte, 15 bis 30 cm hohe Blume, mit den schlanken, in der Mitte von einem weißen Streifen geteilten Blättern, findet man in Wäldern und auf Feldern. Die außen grüngestreiften und innen rein weißen Blüten öffnen sich im April und Mai nur bei Sonnenschein.

Prinzip: Star of Bethlehem ist verbunden mit dem Seelenpotential der Erweckung und der Reorientierung. Im negativen Star of Bethlehem-Zustand verharrt der Mensch im geistig-seelischen Dämmerschlaf, in einer Art von innerer Betäubung.

Star of Bethlehem – Schlüsselsymptome

Nachwirkungen von körperlichen,
seelischen oder geistigen Erschütterungen,
egal ob weit zurückliegend oder erst kürzlich geschehen.
›Der Seelentröster und Schmerzen-Besänftiger‹.

Symptome im blockierten Zustand

unglücklich, traurig, lähmender Kummer nach Enttäuschungen, Hiobsbotschaften, Unfällen und anderen schockierenden Ereignissen. Das Ereignis kann bis in die Kindheit zurückgehen, das Ereignis kann auch unbewußt sein

unangenehme Gefühlserlebnisse klingen zu lange in einem nach

man kann in einer tröstungsbedürftigen Situation keinen Trost annehmen

es fällt einem schwer, zurückliegende unangenehme Situationen gefühlsmäßig zu verkraften

mögliche körperliche Begleiterscheinungen: Gefühllosigkeit, taumelnder Gang, belegte Stimme

die Unverfrorenheit mancher Mitmenschen verschlägt einem die Sprache

Potential im transformierten Zustand

innere Lebendigkeit, geistige Klarheit und innere Kraft

gute Adaptionsfähigkeit des Nervensystems an energetische Veränderungen

schnelle Erholungsfähigkeit

30

Sweet Chestnut, Castanea Sativa,
Eßkastanie oder Edelkastanie

Wächst in offenen Wäldern, auf lockeren, mäßig feuchten Böden und wird bis zu 20 m hoch. Die kätzchenartigen, stark duftenden Blüten erscheinen erst nach dem Laubausbruch zwischen Juni und August, also später als bei den meisten anderen Bäumen.

Prinzip: Sweet Chestnut ist mit dem Prinzip der Erlösung verbunden. Im negativen Sweet Chestnut-Zustand ist ein Mensch an dem Punkt angelangt, wo er davon überzeugt ist, daß es für ihn keine Hoffnung auf Hilfe mehr gibt.

Sweet Chestnut – Schlüsselsymptome

Innere Ausweglosigkeit.
Man glaubt, die Grenze dessen,
was ein Mensch ertragen kann,
sei nun erreicht.

Symptome im blockierten Zustand

man empfindet seine Lage als ausweglos und weiß nicht mehr weiter

man hat das Gefühl, den äußersten Grad der Belastungsfähigkeit erreicht zu haben

Grenz-Situation: man fühlt sich innerlich völlig verloren, in hilfloser Leere und totaler Isolation

extremer seelischer Ausnahme-Zustand

›Die dunkle Nacht der Seele‹

man hält es nicht für möglich, daß ein Mensch so viel durchstehen muß, und glaubt, Gott habe einen vergessen

man hat alle Hoffnung fahren lassen (akuter als bei Gorse), aber zeigt es nicht nach außen

man weiß, daß jetzt etwas grundsätzlich Neues kommen muß

Potential im transformierten Zustand

die Erfahrung des Nichts an der Schwelle zu neuen Horizonten

man war verloren und hat sich wiedergefunden

Phönix aus der Asche

man hat die Chance zu einer entscheidenden Wandlung erkannt, die Reise zu sich selbst hat begonnen

man kann wieder glauben, persönliche Gotteserfahrungen

31
Vervain, Verbena Officinalis,
Eisenkraut

Die bis zu 60 cm hohe, robuste, aufrechte Pflanze wächst an Wegrändern, auf kahlen, trockenen Böden und sonnigen Weiden. Die unteren kleinen lila oder mauvefarbigen Blüten öffnen sich zwischen Juli und September.

Prinzip: Vervain ist verbunden mit den Seelenpotentialen der Selbstdisziplin und des Zügelns. Im negativen Vervain-Zustand wird der eigene Wille zu stark nach außen gerichtet und die eigene Energie unökonomisch vergeudet.

Vervain – Schlüsselsymptome

Im Übereifer,
sich für eine gute Sache einzusetzen,
treibt man Raubbau mit seinen Kräften;
reizbar bis fanatisch.

Symptome im blockierten Zustand

man ist von einer Idee begeistert und möchte andere Menschen mitreißen

Ungerechtigkeiten können einen auf die Palme bringen

intensiv, überzentriert, man möchte alles hundertfünfzigprozentig machen

impulsiv, idealistisch bis missionarisch

innerlich aufgedreht, immer im Einsatz

man sagt anderen im Übereifer, wie sie es machen sollen, handelt für sie mit, versucht sie zu ihrem Glück zu zwingen

in dem Wunsch, die anderen zu bekehren, überrollt man sie förmlich mit seiner Energie und ermüdet sie damit

man übertreibt, man überschlägt sich, man will dem anderen unbedingt eine Idee ›verkaufen‹ und dient damit seiner Sache nicht man reitet ein Thema zu Tode; Fanatiker

man geht in ›gerechtem Zorn für eine Sache auf die Barrikaden‹

mutig, man nimmt Risiken in Kauf, ist bereit, für seine Ziele Opfer zu bringen

man zwingt sich mit einem enormen Energieaufwand dazu, weiterzumachen, auch wenn die physischen Kräfte erschöpft sind

man ist gereizt und nervös, ›geht auf dem Zahnfleisch‹, wenn die Dinge nicht so vorankommen, wie man möchte

oft drahtiger Typ, spricht und bewegt sich schnell

man ist innerlich so überdreht, daß man fast nicht mehr entspannen kann; oft Muskeln, Augen, Kopf extrem angespannt

überaktive Kinder, die abends nicht ins Bett zu bekommen sind

Potential im transformierten Zustand

man bekennt sich zu seiner Idee, billigt aber auch anderen Menschen das Recht auf eine eigene Meinung zu

man läßt sich in Diskussionen unter Umständen auch von anderen guten Argumenten überzeugen

man sieht die Dinge in einem größeren Rahmen

man kann seine große Energie gezielt und liebevoll für eine lohnende Aufgabe einsetzen

›der Fackelträger‹, er kann andere mühelos begeistern, inspirieren und mitreißen

32

Vine, Vitis Vinifera,
Weinrebe

Die 15 m und weiter rankende Pflanze gedeiht in wärmeren Ländern. Ihre kleinen grünen, duftenden Blüten wachsen in dichten Trauben. Ihre Blütezeit variiert je nach Klima.

Prinzip: Vine ist verbunden mit dem Seelenpotential der Autorität und Durchsetzungskraft. Im extrem negativen Vine-Zustand ist man hart, machthungrig und respektiert die Individualität seiner Mitmenschen nicht.

Vine – Schlüsselsymptome

Man will unbedingt seinen Willen durchsetzen.
Dominierend ehrgeizig, ›der kleine Tyrann‹.

Symptome im blockierten Zustand

sehr fähig, äußerst selbstsicher, starke Ichkraft

man hat Probleme mit Befehlen und Gehorchen

man übernimmt gern die Führung und ist oft ›der geistesgegenwärtige Retter in Notsituationen‹

man läuft Gefahr, seine großen Fähigkeiten für persönliche Macht-Ziele zu mißbrauchen

man setzt sich rücksichtslos über die Meinung anderer hinweg

man zweifelt nicht eine Sekunde an seiner Überlegenheit und zwingt anderen darum seinen Willen auf

der Haustyrann, der Diktator

hart, mitleidslose bis grausame Veranlagung, ohne schlechtes Gewissen

Kopf geht vor Herz

man regiert, indem man anderen bewußt Angst macht

man sagt noch auf dem Krankenbett dem Arzt, was er zu tun hat, und hält das Pflegepersonal in Atem man diskutiert nicht, weil man sowieso immer recht hat

Menschen, die das Machtspiel nicht mitspielen wollen, werden ignoriert

unter Umständen Radfahrermentalität

innere Unnachgiebigkeit kann zu extremer Innenspannung und zu körperlichen Schmerzen führen

Kinder verprügeln brutal ihre Spielkameraden

Potential im transformierten Zustand

der weise verständnisvolle Führer; der geliebte Pädagoge, der eine natürliche Autorität besitzt; der ›gute Hirte‹

man kann gut delegieren und seine Führungseigenschaften in den Dienst einer größeren Aufgabe stellen

man hilft anderen, sich selbst zu helfen, ihren eigenen Weg zu finden

33

Walnut, Juglans Regia,

Walnuß

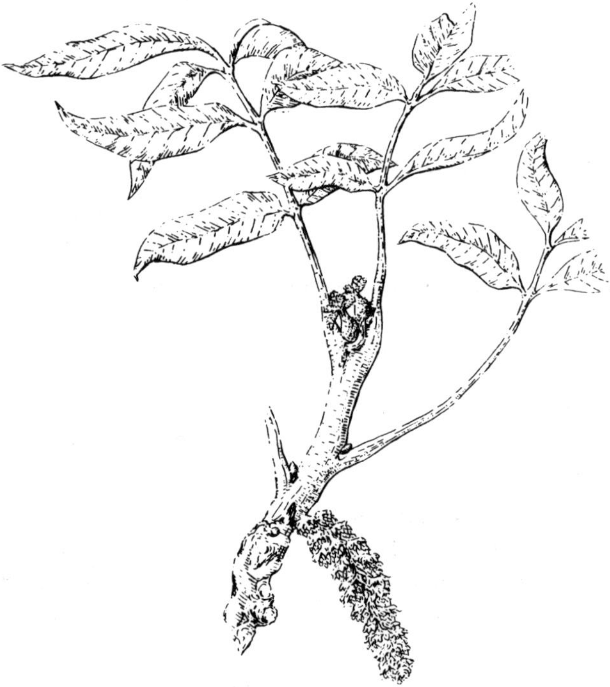

Der bis zu 30 m hohe Baum gedeiht geschützt, an Hecken und in Obstgärten. Die zahlreichen männlichen und selteneren weiblichen Blüten grünlicher Farbe wachsen auf dem gleichen Baum. Sie blühen im April oder Mai, kurz vor oder gleichzeitig mit dem Laubausbruch.

Prinzip: Walnut ist verbunden mit den Seelenkonzepten des Neubeginns und der Unbefangenheit. Im negativen Walnut-Zustand fällt es einem schwer, den endgültig letzten Schritt zu tun, weil man bewußt oder unbewußt noch mit einigen Fasern seiner Persönlichkeit in Entscheidungen oder Verstrickungen der Vergangenheit befangen ist.

Walnut – Schlüsselsymptome

Verunsicherung, Beeinflußbarkeit und Wankelmut
während entscheidender Neubeginn-Phasen im Leben.
›Die Blüte, die den Durchbruch schafft.‹

Symptome im blockierten Zustand

man hat klare Zielvorstellungen im Leben, weiß normalerweise genau, was man will, hat aber im Moment Schwierigkeiten, sich selbst treu zu bleiben

man reagiert normalerweise sehr eigenständig, läßt sich aber durch Familienrücksichten, gesellschaftliche Konventionen, sentimentale Erinnerungen oder die Meinung warnender Skeptiker vorübergehend in seinen Entscheidungen verunsichern

man hat eine wichtige Lebensentscheidung gefällt, es fehlt nur noch der letzte Schritt zur Verwirklichung

man möchte alle Beschränkungen und Beeinflussungen endgültig hinter sich lassen, aber es gelingt noch nicht ganz

man kann sich bei eigenen Lebensentscheidungen schwer dem Einfluß einer faszinierend starken Persönlichkeit entziehen: Vorbild, Partner, Lehrer usw.

man ist durch ein unerwartetes äußeres Ereignis gezwungen, seinen ganzen Lebensplan neu zu überdenken

entscheidende Lebensveränderungen laufen ab: Berufswechsel, Scheidung, Pensionierung, Umzug in eine andere Stadt, Umzug in ein Altersheim o. ä.

entscheidende biologische Wandlungsphasen stehen an: Menopause, Schwangerschaft, Pubertät, Zahnung, Krankheit im Endstadium

man möchte endlich mit einer Veränderung innerlich ›ganz klarkommen‹

man kann sich trotz neuer Entscheidungen aus unerklärlicher Ursache immer noch nicht von einer alten Gewohnheit trennen

man hat eine Partnerschaft aufgegeben, fühlt sich aber trotz räumlicher Trennung weiterhin ›im Bann‹ des Partners

Potential im transformierten Zustand

der Pionier, der sich selbst treu bleibt

man verfolgt unbeirrt sein Lebensziel, trotz aller Widrigkeiten und unbeeinflußt von der Meinung anderer Leute

man steht Neuem unbefangen und offen gegenüber

man erkennt die Gesetzmäßigkeit hinter den Veränderungen

man ist immun gegen äußere Einflüsse und offen für innere Eingebungen

man kann sich von Schatten der Vergangenheit endgültig frei machen

34

Water Violet, Hottonia Palustris,
Sumpfwasserfeder

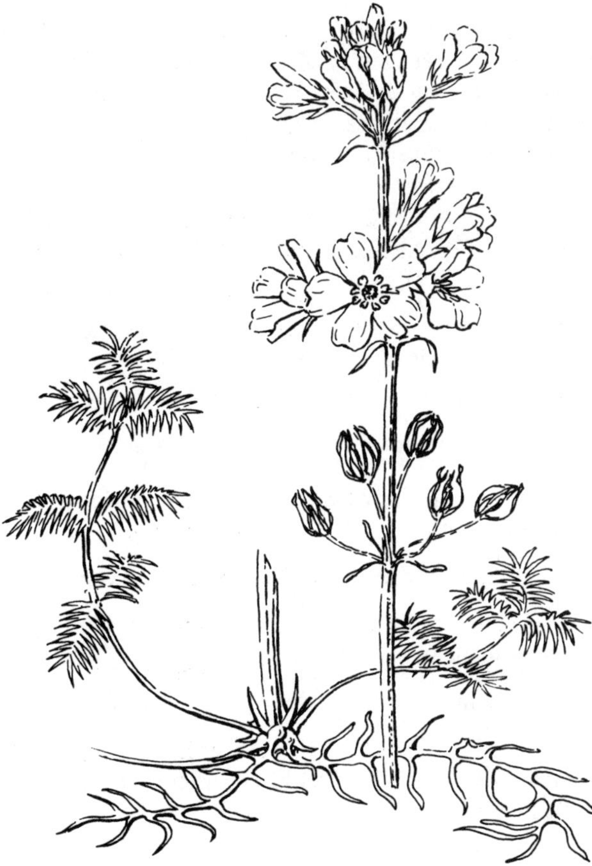

Die bis zu 30 cm hohe Pflanze gehört zur Primelfamilie und blüht im Mai und Juni in langsam fließenden oder stehenden Gewässern, Weihern oder Gräben. Die blaßlila Blüten mit dem gelben Zentrum sind spiralförmig um den blattlosen Stengel geordnet. Die federartigen Blätter bleiben unter der Wasseroberfläche.

Prinzip: Water Violet steht im Zusammenhang mit den Seelenqualitäten der Demut und der Weisheit. Im negativen Water Violet-Zustand verhält man sich nicht so weise, wie man könnte, sondern zieht sich in reserviertem Stolz zurück.

Water Violet – Schlüsselsymptome

Zeitweise:
innere Reserviertheit, stolze Zurückhaltung,
isoliertes Überlegenheitsgefühl.

Symptome im blockierten Zustand

sie treten fast immer im Zusammenhang mit transformiertem Potential auf

man fühlt sich durch seine Überlegenheit manchmal isoliert und ›außen vor‹

man handelt manchmal herablassend oder stolz

man duldet nicht, daß sich andere in persönliche Angelegenheiten einmischen

man macht alles mit sich selbst ab, belastet andere nicht mit seinen Schwierigkeiten

weil man innerlich auf Distanz ist, wird man von anderen für eingebildet, überheblich oder arrogant gehalten

es fällt einem schwer, von sich aus unbefangen auf die Menschen zuzugehen man möchte von seinem inneren Podest herunter, aber weiß nicht, wie

man weiß manchmal nicht, wie weit man in einer Situation gehen soll, hält sich im Zweifelsfalle zurück

man möchte sich von allem zurückziehen: ›my home is my castle‹

anderen fällt es schwer, seine innere Schallgrenze zu überschreiten und mit ihm wirklich persönlich in Kontakt zu kommen

man geht emotional geführten Auseinandersetzungen aus dem Wege, weil sie einen erschöpfen

man ist ein gesuchter Ratgeber, oft auch ›seelischer Mülleimer‹

man kann nicht gut entspannen

man weint selten, bemüht sich um innere Haltung

Potential im transformierten Zustand

liebenswürdig, sanft, von taktvoller Zurückhaltung

innerlich unabhängig, ausgeglichen, eher ruhig

fähig, kompetent, anderen oft überlegen

gutes Selbstgefühl; man weiß, wer man ist

man kann gut mit sich umgehen, ist gern mit sich allein

man hat sein Leben im allgemeinen gut im Griff

man bewegt sich leise, anmutig und unaufdringlich

man spricht oft leise, höflich und eindringlich

tolerante Einstellung ›leben und leben lassen‹

man würde nie eingreifen, auch wenn man die Dinge völlig anders sieht

man steht meistens über den Dingen, ›der Fels im Meer‹

man arbeitet souverän und gewissenhaft, am liebsten mehr im Hintergrund

man ist für andere das Vorbild eines ausgeglichenen und innerlich unabhängigen Menschen

man handelt mit Demut, Liebe und Weisheit

man kann um sich eine Atmosphäre der Ruhe, Zuversicht und Gelassenheit schaffen

man geht mit Anmut und innerer Würde durch das Leben

35

White Chestnut, Aesculus Hippocastanum, Roßkastanie oder Weiße Kastanie

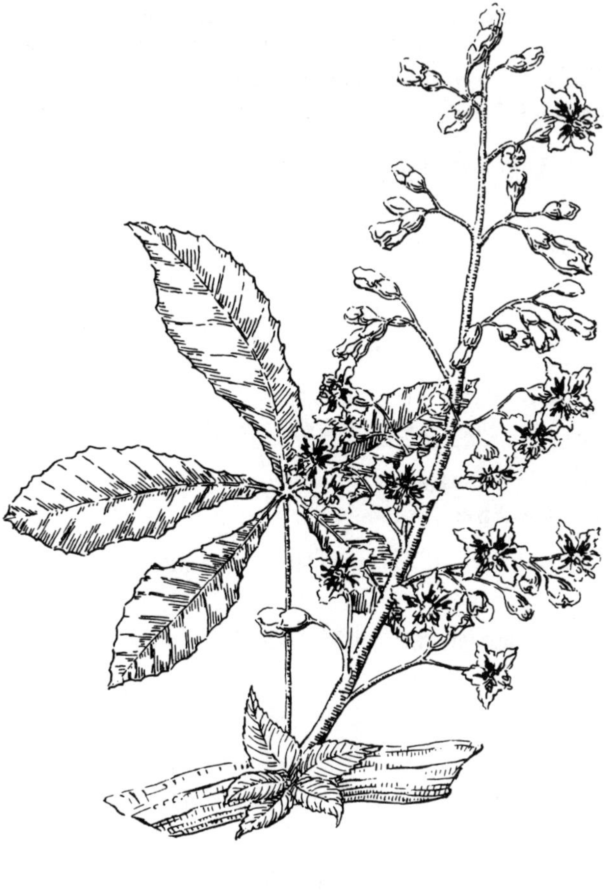

Blüht Ende Mai oder Anfang Juni. Die oberen Blüten des Baumes sind meistens männlich, die unteren weiblich. Ihre Farbe ist zunächst weißgelblich, später kommen rötliche Flecke hinzu.

Prinzip: White Chestnut ist verbunden mit den Seelenqualitäten der geistigen Ruhe und der Unterscheidungsfähigkeit. Im negativen White Chestnut-Zustand ist man Opfer falschverstandener, unpassender Gedankenkonzepte.

White Chestnut – Schlüsselsymptome

Bestimmte Gedanken
kreisen unaufhörlich im Kopf,
man wird sie nicht wieder los,
führt beständig innere Selbstgespräche
und Dialoge.

Symptome im blockierten Zustand

unerwünschte Gedanken oder Bilder drängen sich unaufhörlich ins Bewußtsein, und man kann sie nicht abstellen

eine Sorge oder ein Ereignis läßt einen nicht los, nagt am Gemüt

man denkt wieder und wieder, ›was man hätte sagen sollen‹ oder ›was man sagen müßte‹

es ist, als ob eine Schallplatte immer wieder in der gleichen Rille festhakt

man tritt gedanklich ergebnislos auf der Stelle, fühlt sich wie ein Hamster im Tretrad

unaufhörliches inneres Geplapper, Echohalle im Kopf

man bearbeitet innerlich wieder und wieder die gleichen Probleme, ohne zu einer Lösung zu kommen innere Überaktivität des Denkapparates, daher im Alltag unkonzentriert, man hört z. B. nicht mehr, daß man angesprochen wird

man ist wegen des quälenden Gedankenzudrangs schlaflos, besonders in den frühen Morgenstunden

wegen mentaler Spannung u. U. Zähneknirschen, Mahlen mit dem Unterkiefer, Spannungsgefühl um Stirn und Augen

Potential im transformierten Zustand

ausgeglichener Geisteszustand

im Kopf herrschen Ruhe und Frieden

aus der inneren Ruhe taucht die Lösung jedes Problems von selbst auf

man kann mit seiner Gedankenkraft konstruktiv arbeiten

36

Wild Oat, Bromus Ramosus,
Waldtrespe

Das 60–120 cm hohe, in England stark verbreitete Hafergras wächst in feuchten Wäldern, in dichtem Gebüsch und an Wegrändern. Die doppelgeschlechtlichen Blüten befinden sich versteckt in den Rispen.

Prinzip: Wild Oat ist mit den Seelenqualitäten der Berufung und der Zielstrebigkeit verbunden. Im negativen Wild Oat-Zustand weiß man nicht, wozu man eigentlich berufen ist, und fühlt sich deshalb im tiefsten Inneren unerfüllt und unzufrieden.

Wild Oat – Schlüsselsymptome

Unbestimmtheit in den Zielvorstellungen,
Unzufriedenheit, weil man seine Lebensaufgabe
nicht findet.

Symptome im blockierten Zustand

man hat unklare Zielvorstellungen, kann seine Richtung im Leben nicht finden. Das führt zu Unzufriedenheit, Frustrationen oder Langeweile

man ist ehrgeizig, möchte etwas Besonderes leisten, aber weiß nicht genau, was

man fühlt trotz vieler Möglichkeiten keine Neigung zu einem bestimmten Beruf, dieses ›In-der-Luft-Hängen‹ läßt einen verzagen

es drängt einen immer wieder zu neuen Projekten

man ist niedergeschlagen, weil die Dinge bei einem nicht so klar sind wie bei anderen Menschen

man ist vielseitig begabt, probiert vieles aus, aber nichts bringt wirkliche Befriedigung

unausgeschöpfte Talente und Fähigkeiten

man will sich innerlich nicht festlegen, manövriert sich dadurch unbewußt immer wieder in unbefriedigende Situationen hinein

man zersplittert seine Kräfte

man lebt in unpassenden beruflichen oder privaten Verhältnissen

Potential im transformierten Zustand

die Fähigkeit, sein Potential zu erkennen und vollständig zu entfalten

vielseitige Talente, man kann dabei einem übergeordneten roten Faden folgen und jede Sache zu Ende bringen

man hat klare Vorstellungen und Ambitionen und läßt sich durch nichts davon abbringen

man hat die Fähigkeit, viele Dinge gut zu tun, unter Umständen mehrere Berufe erfolgreich nebeneinander auszuüben

37

Wild Rose, Rosa Canina,
Heckenrose (auch Zaunrose, Weinrose, Apfelrose)

Die Stammart vieler Zuchtrosen wächst an sonnigen Waldrändern, Hecken und steinigen Abhängen. Die weißen, hellrosa oder tiefrosa Blüten öffnen sich mit fünf großen kernförmigen Blütenblättern einzeln oder in Dreiergruppen zwischen Juni und August.

Prinzip: Wild Rose ist verbunden mit den Seelenpotentialen der Hingabe und der inneren Motivation. Im negativen Wild Rose-Zustand wird das Prinzip der Hingabe falsch verstanden und negativ gelebt.

Wild Rose – Schlüsselsymptome

Teilnahmslosigkeit,
Apathie, Resignation, innere Kapitulation.

Symptome im blockierten Zustand

man hat innerlich resigniert, obwohl die äußeren Umstände gar nicht so hoffnungslos oder negativ sind

Totalverlust von Lebensfreude und innerer Motivation aufgrund unbewußter negativer Entscheidungen

man unternimmt keinerlei Anstrengungen mehr, in seinem Leben etwas zum Positiven zu verändern

man findet sich fatalistisch mit allem ab

man fügt sich in sein Schicksal, z. B. unglückliche Ehe, unbefriedigender Beruf, chronische Krankheit o. ä.

man glaubt, daß man erblich negativ belastet sei

unterschwellige Traurigkeit

man fühlt sich chronisch gelangweilt, gleichgültig und innerlich leer

man beklagt sich nicht über seinen Zustand, da man ihn für normal hält man ist schlaff, völlig energielos, vegetiert apathisch vor sich hin

man spricht mit monotoner, matter Stimme

Potential im transformierten Zustand

man findet täglich ein neues vitales Interesse am Leben

man bewältigt den Alltag ohne lähmendes Routine-Gefühl

man kann sich freudig seinen inneren Lebensgesetzen hingeben

man lebt im Gefühl der inneren Freiheit und Flexibilität

38
Willow, Salix Vitellina,
Gelbe Weide

Unter den vielen Weidenarten ist diese leicht daran zu erkennen, daß sich ihre Äste im Winter leuchtend gold-orange verfärben. Sie wächst in feuchtem, tiefliegendem Gelände. Die männlichen und weiblichen Blüten wachsen auf getrennten Bäumen.

Prinzip: Willow steht im Zusammenhang mit den Seelenqualitäten der Eigenverantwortlichkeit und des konstruktiven Denkens. Im negativen Willow-Zustand sucht man die Schuld nur in der Außenwelt, denkt häufig negativ und destruktiv.

Willow – Schlüsselsymptome

Innerer Groll, Verbitterung,
›Das Opfer des Schicksals‹.

Symptome im blockierten Zustand

verbitterte Lebenshaltung, man grollt seinem Schicksal und fühlt sich ungerecht behandelt

man fühlt sich für seine Lage nicht selbst verantwortlich; schuld sind die Umstände oder andere

man glaubt, das Leben hätte einem vieles vorenthalten

man fühlt sich einer Situation hilflos ausgeliefert

man ›fordert‹ vom Schicksal, ist aber nicht bereit, zu ›geben‹

man nimmt jede Hilfe von anderen als selbstverständlich entgegen und befremdet dadurch auf die Dauer diejenigen, die einem helfen

man betont grundsätzlich die negative Seite der Dinge und wirkt darum häufig als Miesmacher oder Spielverderber

man erlebt sich als machtlos

man mißgönnt anderen innerlich ihr besseres Schicksal, ihr Glück oder ihre Gesundheit in Extremfällen versucht man sogar, die gute Stimmung und den Optimismus anderer herunterzuziehen

giftige und hämische Gedanken wegen innerer Verbitterung

man schwelt in stiller Wut vor sich hin, explodiert aber nicht

man weigert sich innerlich, die eigene Negativität zu akzeptieren, deshalb kann sich nichts ändern

man gibt bei Genesung von einer Krankheit nur widerwillig zu, daß es einem besser geht

Potential im transformierten Zustand

positive Grundhaltung, man übernimmt volle Selbstverantwortung für sein Schicksal

man hat die Zusammenhänge zwischen seinem Denken und den äußeren Geschehnissen erkannt und akzeptiert

man weiß, daß man nach dem Gesetz ›Wie innen – so außen‹ Positives oder Negatives anziehen kann, und arbeitet bewußt mit diesem Prinzip

man wird vom ›Opfer‹ zum ›Meister‹ seines Schicksals

39
Rescue, ›Erste-Hilfe‹- oder ›Notfall-Tropfen‹

Von allen Bach-Blüten-Essenzen ist diese Kombination die bekannteste und am weitesten verbreitet. Unzähligen Menschen hat sie in Notfällen, bis zum Eintreffen des Arztes, das Leben gerettet.

Rescue ersetzt keine ärztliche Behandlung. Aber es hilft, einen energetischen Schock, in dessen Folge sich schwere körperliche Schäden manifestieren würden, zu verhindern oder schnell wieder aufzulösen.

Als Schock oder Notfall wird hier alles verstanden, was unser energetisches System erschüttert und desintegriert: vom plötzlichen Türknallen über eine unangenehme Nachricht bis zum körperlichen Unfall mit Bewußtseinsverlust. (Nicht zu verwechseln mit dem medizinischen Begriff ›Schock‹!) In einem derartigen Zustand hat das Bewußtsein bzw. haben die feinstofflichen Teile unseres Körpers die Tendenz, sich aus dem physischen Körper zurückzuziehen. Der physische Körper allein hat dann keine Möglichkeit mehr, Maßnahmen zur Selbstheilung einzuleiten.

Rescue sorgt dafür, daß sich das energetische System nicht desintegriert oder schnell wieder ins Lot kommt. Der Heilungsprozeß kann dann sofort einsetzen.

Darum ist es so wichtig, die Notfall-Tropfen immer in der Haus- oder Auto-Apotheke greifbar zu haben, um sie entweder direkt vor einer zu erwartenden energetischen Erschütterung oder unmittelbar danach einnehmen zu können. Die verwendeten Blüten sind:

Star of Bethlehem:	Gegen Schreck und Betäubung und als ›Integrator der Persönlichkeit‹.
Rock Rose:	Gegen Terror und Panikgefühle.
Impatiens:	Gegen mentalen Streß und Spannung.
Cherry Plum:	Gegen die Angst, die Kontrolle zu verlieren.
Clematis:	Gegen die Tendenz ›abzutreten‹, gegen das Gefühl, ›weit weg zu sein‹, das oft vor einer Bewußtlosigkeit auftritt.

Die vom englischen Bach-Centre gelieferte Stockbottle Rescue enthält alle 5 Blüten schon fertig gemischt. Soll Rescue mit anderen Blüten kombiniert werden, so gilt es als ein Mittel.

Bei Unfällen und plötzlichen Krankheiten helfen die Notfall-Tropfen sowohl den ›Opfern‹ als auch denen, die ›nur‹ Zuschauer oder Pflegepersonen sind. Es ist für den Kranken unbewußt eine große Beruhigung, wenn er fühlt, daß die Menschen um ihn herum gefaßt, vertrauensvoll und frei von übergroßer Angst sind. Der Heilungsprozeß wird dadurch unterstützt.

Hier nun einige der unzähligen Gelegenheiten, in denen Rescue im Alltag helfen kann:

Wenn man seelisch durcheinander ist: z. B. nach einem Familienkrach, nach Erhalt eines unangenehmen Briefes, oder wenn Kinder einen brutalen Fernsehfilm angesehen haben.

Wenn einem etwas bevorsteht: Zahnarztbesuch, Scheidungstermin, Bewerbungsgespräch, Führerscheinprüfung, Operation.

Wenn man einen Schreck bekommen hat: z. B. nach einem Sturz oder einem Hundebiß oder einem Insektenstich.

Wenn man in einer streßgeladenen Atmosphäre arbeiten muß: z. B. in einer Schlachterei, Erste-Hilfe-Station, Auktions-Haus.

Die Notfall-Tropfen sollten aber nicht zur Dauergewohnheit werden. Sie sind als Erste Hilfe in kleinen oder größeren seelischen Notsituationen, aber nicht als Ausgleich einer unvernünftigen, persönlichkeitszerstörenden Lebensweise gedacht.

Rescue wird doppelt so stark wie alle anderen Blüten-Konzentrate zubereitet: 4 Tropfen aus der Stockbottle oder dem Vorratsfläschchen in eine 30-ml-Medizinflasche.

Die Dosierung ist hier individuell je nach Fall und Situation. *In akuten Fällen:* vier Tropfen direkt aus der Stockbottle in eine Tasse Wasser geben und so lange schluckweise trinken lassen, bis der schockartige Zustand abklingt. Danach nur noch alle 15, 30 oder 60 Minuten einen Schluck verabreichen.

Wenn kein Wasser oder anderes Getränk zur Hand ist, kann man die Notfalltropfen auch unverdünnt direkt aus der Stockbottle verabreichen.

Bei *Bewußtlosen* tropft man die Notfalltropfen aus der Einnahme-Flasche, zur Not auch aus der Stockbottle, auf die Lippen, das Zahnfleisch, die Schläfen, die Fontanelle, hinter das Ohr oder auf die Handgelenke.

Soll Rescue über einen längeren Zeitraum hinweg eingenommen werden, gibt man viermal täglich vier Tropfen aus der Einnahme-Flasche.

Rescue kann auch *äußerlich* in Form von Umschlägen, Wickeln, Kompressen u. ä. angewendet werden. Man gibt ca. sechs Tropfen aus dem Vorratsfläschchen auf eine Halbliter-Schüssel Wasser.

Für kleine körperliche Verletzungen wie Verbrennungen, Verstauchungen, Schnitte und plötzliche Hautausschläge wird Rescue auch als *Salbe* hergestellt, welche sich auch als Massagehilfe (vor dem Gleitmittel auftragen) sowie zur Vorbeugung gegen Hautirritationen durch Sport (Laufen, Tennis etc.) bewährt hat.

Bei der Behandlung von *Tieren* gibt man zwei bis drei Tropfen aus der Vorratsflasche in das Trinkwasser oder das Fressen.

Bei Schocks, die unsere *Pflanzen* erleiden, hat Rescue ein weites Einsatzfeld: Nach dem Umtopfen, Versetzen von Stecklingen, Frost- und Ungeziefereinwirkung gibt man drei bis vier Tropfen aus dem Vorratsfläschchen in das Gießwasser. Damit gießt man zwei bis drei Tage lang oder besprüht die Blätter damit.

Die Einsatzmöglichkeiten der Notfall-Tropfen sind fast unbegrenzt, wie die folgenden Fälle zeigen:

1. Ein Marinesoldat war im Krieg in Unterseebooten eingesetzt. Äußerlich erschien er stets ruhig und gelassen, aber er verlor sämtliche Kopf- und Körperhaare. Alle ärztliche Behandlung blieb ohne Erfolg. Da zu vermuten war, daß der Haarausfall durch verdrängte Angst, Schocks und Schrecken hervorgerufen worden war, bekam er Rescue zum Einnehmen und als ›Haarwasser‹ zum Einreiben. Nach einigen Wochen war seine ganze Kopfhaut wieder mit kleinen Haaren bedeckt.

2. Die Teilnehmerin eines Meditationscamps schnitt sich beim Gemüseputzen eine Fingerspitze zu dreiviertel ab. Die Wunde blutete stark, und es war kein Arzt in der Umgebung, den man hätte rufen können. Als Erste Hilfe bekam sie alle paar Minuten Rescue-Tropfen in Wasser zu trinken und einen Druckverband zum Stillen der Blutung. Als die Blutung zum Stehen gekommen war, wurde vorsichtig Rescue-Creme in die Wunde getan und Finger und Fingerspitze mit einem Verband zusammengebracht. Dieser Cremeverband wurde dann alle zwei Stunden erneuert. Schon nach den ersten 15 Minuten hatte die junge Frau keine Schmerzen mehr, sondern spürte nur noch ein leichtes Pulsieren im Finger. Den ganzen nächsten Tag über wurde der Cremeverband von Zeit zu Zeit gewechselt. Am dritten Tag war kein Verband mehr notwendig, da sich die Wunde geschlossen hatte und offensichtlich schnell heilte. Am fünften Tag war der Finger komplett geheilt. Nur noch eine kleine Linie verriet, wo der Schnitt gewesen war.

3. Bericht eines amerikanischen Ehepaares: »Wir waren eingeladen. Kurz vor dem Weggehen wollte meine Frau noch schnell das Wasser in unserem Goldfischglas auswechseln. In der Eile vertat sie sich mit der Wassertemperatur. Die Fische erlitten einen Schock. Bis auf ganz schwache Kiemenbewegungen trieben sie wie leblos auf der Seite nahe an der Wasseroberfläche. Schnell gaben wir mehrere Tropfen Rescue in das Goldfischglas. Innerhalb einer Stunde hatten sich die Fische vollständig erholt. Die Inhaberin des Zoogeschäftes versicherte uns, noch nie gehört zu haben, daß Goldfische einen derartigen ›Schock‹ überlebt hätten.«

4. »In meinem Urlaubsort am Meer kamen nach einem Sturm (mit der Notfallkombination rettete Bach 1930 einem Fischer nach einem Sturm das Leben) vier Urlauber völlig erschöpft und durcheinander ins Hotel zurück. Sie waren stundenlang auf See herumgetrieben, nachdem der Motor ihres Bootes im Sturm defekt geworden war. Zwei von ihnen konnte ich Rescue geben. Sie erholten sich erstaunlich schnell und waren innerhalb weniger Stunden wieder völlig die alten. Die beiden

anderen brauchten zwei oder drei Tage, bis sie sich von diesem Ereignis erholt hatten.«

5. Bericht einer Polizistin: »Ich mußte den Überfall auf eine Frau zu Protokoll nehmen. Die Frau war noch so aufgelöst, daß sie nicht in der Lage war, genaue Einzelheiten des Vorgangs zu schildern. Ich gab ihr eine Dosis Rescue mit nahezu sofortigem Erfolg. Die Frau konnte den Vorfall vom Anfang bis zu Ende detailliert zu Protokoll geben; aufgrund der Genauigkeit des Protokolls konnte der Täter wenig später festgenommen werden.«*

* Fall 3–5 aus: *Flowers to the Rescue* by Gregory Vlamis (Thorsons Publishing Group)

6
Wie findet man die richtige Bach-Blüte?

»Behandle die Persönlichkeit und nicht die Krankheit«, lautet der Grundsatz der Bach-Blütentherapie.

Um in akuten seelischen Negativsituationen, zum Beispiel in einer schulischen Krise, die passenden Blüten für sich oder seine Familie zu erkennen, bedarf es keiner psychologischen Ausbildung, sondern Selbsterkenntnis, Lebenserfahrung und gesunden Menschenverstandes.

Jedoch chronische seelische Disharmonien in der eigenen Persönlichkeit zu erkennen, ist weitaus schwieriger. Manche Menschen haben eine natürliche Begabung dafür, viele andere sind am Anfang der Bach-Blütentherapie besser bei Fachleuten aufgehoben.

Um die *seelischen Schwierigkeiten fremder Menschen* richtig einschätzen zu können, bedarf es in der Regel einer therapeutischen Ausbildung* und viel Erfahrung.

Körperliche Zustände sind in der Bach-Blütentherapie nur insoweit wichtig, als man beobachten kann, mit welcher seelischen Haltung ein Mensch auf diese körperlichen Zustände reagiert.

---

* In den verschiedenen deutschsprachigen Ländern unterliegt die Anwendung der Original Bach-Blüten-Konzentrate an fremden Personen zur Zeit unterschiedlichen gesetzlichen Vorschriften.

Die Büros des Bach Centre in den deutschsprachigen Ländern versenden auf Anfrage Listen mit Namen von Therapeuten, welche mit der Original Bach-Blütentherapie gut vertraut sind. (›Arbeitskreis für Bach-Blütentherapie‹)

Die Kernfrage muß also immer lauten: »Wie reagiere ich seelisch auf meine jetzige Situation? Zum Beispiel angstvoll, verunsichert oder interesselos?«

Der im nächsten Kapitel abgedruckte Fragebogen soll die Selbsteinschätzung erleichtern, kann aber naturgemäß keine Gewähr für eine objektiv richtige Selbstdiagnose bieten. Der Spiegel der Selbsteinschätzung hat nun mal bei jedem Menschen blinde Flecken.

Zur endgültigen Entscheidungsfindung sind die knapp gehaltenen Blütenbeschreibungen in diesem Taschenbuch nicht ausreichend; vielmehr sollten die ausführlichen Blütenbeschreibungen aus dem Buch: Mechthild Scheffer: *Bach Blütentherapie, Theorie und Praxis* (Hugendubel Verlag) zugrunde gelegt werden.

Wichtig ist, die betreffende Blüte in jedem Fall nach der Negativhaltung zu bestimmen. Es wäre nicht richtig, die Blüten nach ihren positiven Entwicklungsmöglichkeiten auszuwählen, da die Original Bach-Blüten nur dann ihre harmonisierende Wirkung entfalten können, wenn die Negativhaltung erkennbar vorhanden ist.

7
Kompakt-Fragebogen zur Selbstbestimmung Ihrer aktuellen Bach-Blüten-Konzentrate-Kombination

Dieser Fragebogen dient allen an der Bach-Blütentherapie Interessierten als Hilfestellung zum besseren Erkennen ihrer derzeitigen individuellen seelischen Fehlhaltungen und zum Auffinden der spezifischen Blüten-Kombination, zur Aufrechterhaltung und Wiederherstellung des seelischen Gleichgewichtes. Seelische Fehlhaltungen und damit verbundene negative Gemütsstimmungen sind allgemeinmenschlicher Natur und haben ihre Ursache in Schwächen des Charakters. An diesen Schwächen zu arbeiten und dadurch seelischen bzw. gegebenenfalls psychosomatischen Störungen vorzubeugen ist die Zielsetzung der Bach-Blütentherapie.

Sollten Sie noch wenig Erfahrung im Umgang mit den Blüten besitzen, bietet dieser Fragebogen zusammen mit diesem Buch einen leichtverständlichen Einstieg, *obwohl ein gründliches Gespräch mit einem in der Bach-Blütentherapie erfahrenen Experten, Arzt oder Heilpraktiker dadurch nicht ersetzt werden kann.* Die Beantwortung dieses recht kurzen Fragebogens wird Sie zunächst auf mögliche seelische Fehlhaltungen aufmerksam machen und Ihnen die zur Reharmonisierung sinnvollen spezifischen Konzentrate aufzeigen. Wenn Sie die für Sie in Frage kommenden Blüten ermittelt haben, informieren Sie sich in Kapitel 5 dieses Buches und – ausführlicher – in Scheffer, *Bach Blütentherapie, Theorie und Praxis* über die von Ihnen ermittelten Blüten und entscheiden dann, ob Sie alle von Ihnen gewählten Blüten zum jetzigen Zeitpunkt wirklich brauchen.

Zur Benutzung dieses Fragebogens

Jeder der 38 verschiedenen Bach-Blüten sind in diesem Fragebogen 1–3 Fragen zugeordnet. Zu den vorgegebenen Aussagen markieren Sie bitte Ihre Antwort im vorgesehenen Antwortkästchen. Bei jeder Frage bestehen zwei Antwortmöglichkeiten, die im Folgenden kurz erläutert werden.

»Ja, in den letzten Tagen trifft dieses genau zu«

Hier werden disharmonische seelische Zustände angesprochen, die Sie *momentan*, z. B. in den letzten 3 Tagen belasten. Dabei ist es nicht wichtig, ob dieser Zustand auch grundsätzlich für Ihren Charakter typisch ist. Oft kann eine kurzzeitige Störung Ihres seelischen Gleichgewichtes durch äußere Umstände, z. B. ›neue Situation im Beruf‹ oder ›plötzliche Umstellung im Privatleben‹, hervorgerufen werden.

»Nein, dieses trifft in diesen Tagen für mich nicht zu«

Sollte eine Aussage für Sie in diesen Tagen nicht zutreffen, setzen Sie Ihr Kreuz für die entsprechende Frage bitte in dieses Feld.

Bei einigen Fragen mögen Zustände angesprochen sein, die sich in Ihrem Leben bereits häufiger störend bemerkbar gemacht haben, *aber nicht* auf Ihre *derzeitige* Situation zutreffen. Dabei handelt es sich um negative Gefühlskonzepte oder seelische Fehlhaltungen, an denen Sie längerfristig arbeiten müssen, um das dahinterstehende positive Energiepotential freizusetzen. Kreuzen Sie in solchen Fällen bitte immer ›nein‹ an, denn es geht in diesem Fragebogen darum, festzustellen, welche Zustände *jetzt wirklich akut* sind. Diese Blüten sind erst angezeigt, wenn sich der beschriebene Zustand aktuell in ihrem Befinden bemerkbar macht und können daher für spätere Kombinationen zurückgestellt werden.

Bitte beantworten Sie jede Frage spontan, ohne allzulange darüber nachzudenken. Bedenken Sie, daß es keine richtigen oder falschen Antworten gibt. Füllen Sie den Fragebogen nach Möglichkeit alleine aus. Sollte Ihnen eine Frage zunächst Schwierigkeiten bereiten, so stellen Sie die Beantwortung dieser Frage bis zum Schluß zurück, und beantworten Sie zunächst die übrigen Fragen. Bevor Sie an die Auswertung Ihrer Antworten gehen, gönnen Sie sich ruhig eine kleine Erholungspause!

Übertragen Sie bitte die von Ihnen gemachten Kreuze in die

Auswertungstabelle. Achten Sie beim Übertragen auf die richtige Fragennummer! Ihre Kreuze in den Spalten »Nein, dieses trifft in diesen Tagen für mich nicht zu« entfallen, da sie für die Bestimmung der richtigen Bach-Blüten-Konzentrate nicht mehr benötigt werden.

Bitte spontan und schnell beantworten. Nur das ankreuzen, was jetzt, momentan, d. h. in diesen Tagen gefühlsmäßig ganz genau zutrifft.

(Was zwar grundsätzlich häufig zutrifft, jetzt oder in diesen Tagen jedoch nicht akut ist, mit ›nein‹ beantworten.)

	Ja, in den letzten Tagen trifft dieses genau zu	Nein, dieses trifft in diesen Tagen für mich nicht zu
1. Fühlen Sie sich zur Zeit für Fehler anderer verantwortlich?		
2. Zweifeln Sie zur Zeit an der Richtigkeit Ihrer eigenen Meinung?		
3. Fürchten Sie, zur Zeit hintergangen zu werden?		
4. Träumen Sie vor sich hin, sind in diesen Tagen mit Ihren Gedanken wenig in der Gegenwart?		
5. Lassen Sie sich in diesen Tagen von Nebensächlichkeiten aus dem Konzept bringen?		
6. Fühlen Sie sich momentan vom Schicksal ungerecht behandelt?		
7. Haben Sie in diesen Tagen das unbedingte Bedürfnis, Ihren Willen durchzusetzen?		
8. Lassen Sie sich in der Verfolgung ureigener Ziele zur Zeit durch die Meinung Ihrer Umgebung verunsichern?		
9. Sind Sie in diesen Tagen melancholisch, ohne zu wissen wieso?		

	Ja, in den letzten Tagen trifft dieses genau zu	Nein, dieses trifft in diesen Tagen für mich nicht zu
10. Fühlen Sie sich momentan anderen unterlegen?		
11. Sind Sie momentan in einer Situation, in der Sie durchhalten müssen?		
12. Haben Sie zur Zeit Angst vor ganz bestimmten Situationen, Dingen oder Lebewesen?		
13. Können Sie in diesen Tagen schlecht ›nein‹ sagen?		
14. Bedauern Sie zur Zeit, daß heute vieles nicht mehr so wie früher ist?		
15. Tragen Sie in diesen Tagen mehr Verantwortung, als Sie zur Zeit verkraften können?		
16. Fühlen Sie sich momentan innerlich teilnahmslos?		
17. Fällt Ihnen wegen der Vielseitigkeit Ihrer Ideen und Pläne zur Zeit eine endgültige Entscheidung schwer?		
18. Sind Sie in diesen Tagen ungeduldig?		
19. Möchten Sie einen innerlichen Entschluß jetzt endgültig in die Tat umsetzen?		
20. Sind Sie zur Zeit gefühlsmäßig fast nur mit sich selbst beschäftigt?		
21. Möchten Sie ein bestimmtes Kapitel Ihrer Vergangenheit seelisch endlich abschließen können?		

	Ja, in den letzten Tagen trifft dieses genau zu	Nein, dieses trifft in diesen Tagen für mich nicht zu
22. Suchen Sie zur Zeit Ablenkung, um Ihren sorgenvollen Gedanken aus dem Weg zu gehen?		
23. Haben Sie in diesen Tagen das seelische Bedürfnis, sich aus einer Situation (privat oder beruflich) zurückzuziehen?		
24. Geraten Sie zur Zeit persönlich oder beruflich immer wieder in die gleiche Schwierigkeit?		
25. Wird Ihr Bewußtsein jetzt dauernd von unerwünschten Gedanken geplagt?		
26. Fühlen Sie sich zur Zeit seelisch extrem belastet und sehen Sie keinen Ausweg?		
27. Setzen Sie in diesen Tagen sich und/oder andere aus Begeisterung für die Sache unter Druck?		
28. Fehlt Ihnen zur Zeit jegliche Lebensfreude?		
29. Trifft es zu, daß Sie momentan andere mit Ihrem Problem nicht belasten möchten?		
30. Klingen belastende Ereignisse oder Gefühle jetzt immer noch in Ihnen nach, ohne daß Sie sie abschütteln können?		
31. Fällt es Ihnen in diesen Tagen schwer, seelisch im Gleichgewicht zu bleiben?		
32. Fühlen Sie sich momentan ausgelaugt und kraftlos?		

	Ja, in den letzten Tagen trifft dieses genau zu	Nein, dieses trifft in diesen Tagen für mich nicht zu
33. Zwingen Sie sich momentan nach gewissen Regeln oder Prinzipien zu leben?		
34. Haben Sie in diesen Tagen fast die Hoffnung aufgegeben?		
35. Haben Sie zur Zeit ein unbestimmtes Gefühl von Angst und Gefahr?		
36. Sind Sie zur Zeit in gewisser Weise eifersüchtig?		
37. Schwanken Sie in diesen Tagen zwischen zwei Entscheidungsmöglichkeiten hin und her?		
38. Meinen Sie, eine jetzige Situation nur mit Strategie und Taktik bewältigen zu können?		
39. Fehlt Ihnen in diesen Tagen die seelische Spannkraft, um den Alltag mit Schwung anzugehen?		
40. Müssen Sie zur Zeit vitale Bedürfnisse unterdrücken?		
41. Werfen Sie sich in diesen Tagen innerlich vor, nicht noch mehr gegeben zu haben?		
42. Machen Sie sich momentan Sorgen um das Wohlergehen eines nahestehenden Menschen?		
43. Haben Sie etwas erlebt, was Sie psychisch immer noch nicht verkraftet haben?		
44. Zweifeln Sie in diesen Tagen trotz besseren Wissens an Ihren eigenen Fähigkeiten?		

	Ja, in den letzten Tagen trifft dieses genau zu	Nein, dieses trifft in diesen Tagen für mich nicht zu
45. Sind Sie zur Zeit entmutigt, weil die Dinge anders laufen, als Sie erwartet haben?		
46. Empfinden Sie in diesen Tagen anderen gegenüber Wut, ja fast feindselige Abneigung?		
47. Ist Ihre Stimmung zur Zeit skeptisch und/ oder pessimistisch?		
48. Haben Sie zur Zeit ein tiefes Bedürfnis nach Neuordnung oder Reinigung?		
49. Sind Sie momentan innerlich gekränkt, weil man Ihre gutgemeinten Rätschläge nicht zu würdigen weiß?		
50. Fürchten Sie zur Zeit die Kontrolle über Ihre Gefühle zu verlieren?		
51. Fällt es Ihnen zur Zeit schwer, die Fehler anderer zu tolerieren?		
52. Sind Sie zur Zeit zu scheu oder ängstlich, bestimmte Dinge in Angriff zu nehmen?		
53. Müssen Sie zur Zeit Ihre Willensstärke übermäßig anspannen?		
54. Glauben Sie, daß Sie sich von einem nahestehenden Menschen immer noch nicht völlig abgenabelt haben?		
55. Müssen Sie zur Zeit eine unangenehme Situation mit Freundlichkeit überspielen?		
56. Empfinden Sie in Ihrer jetzigen Situation große Angst und innere Panik?		

Auswertungstabelle

Fragen-nummer	Ja, in den letzten Tagen trifft dieses genau zu	Bach-Blüten-Konzentrat
1		Pine
2		Cerato
3		Holly
4		Clematis
5		Crab Apple
6		Willow
7		Vine
8		Walnut
9		Mustard
10		Larch
11		Oak
12		Mimulus
13		Centaury
14		Honeysuckle
15		Elm
16		Wild Rose
17		Wild Oat
18		Impatiens
19		Walnut
20		Heather
21		Honeysuckle
22		Agrimony
23		Water Violet
24		Chestnut Bud
25		White Chestnut
26		Sweet Chestnut
27		Vervain
28		Wild Rose

(Bitte nach dem Ausfüllen des gesamten Fragebogens Spalte 1 des Fragebogens hier übertragen.)

Fragen-nummer	Ja, in den letzten Tagen trifft dieses genau zu	Bach-Blüten-Konzentrat
29		Water Violet
30		Star of Bethlehem
31		Scleranthus
32		Olive
33		Rock Water
34		Gorse
35		Aspen
36		Holly
37		Scleranthus
38		Chicory
39		Hornbeam
40		Rock Water
41		Pine
42		Red Chestnut
43		Star of Bethlehem
44		Elm
45		Gentian
46		Holly
47		Gentian
48		Crab Apple
49		Chicory
50		Cherry Plum
51		Beech
52		Mimulus
53		Vervain
54		Red Chestnut
55		Agrimony
56		Rock Rose

Haben Sie Ihre Kreuze sorgfältig übertragen?

Jetzt lassen sich die für Sie voraussichtlich in Frage kommenden Blüten leicht ablesen, denn jeder der Fragen ist in derselben Zeile das typische Blüten-Konzentrat zugeordnet.

Lesen Sie nun im jeweiligen Kapitel zu der von Ihnen ermittelten Blüte nach, ob die dort noch ausführlicher und präziser angegebenen Situationen und Verhaltensweisen für Sie persönlich Gültigkeit besitzen. Selbstverständlich müssen sich nicht alle dort zu einer Blüte aufgeführten Symptome bei Ihnen zeigen, wenn Sie diese Blüte benötigen. Oft sind schon 1–3 Symptome, sofern sie *sehr* kennzeichnend für Ihren Zustand sind, ausreichend, um die Einnahme zu rechtfertigen.

Sind Sie sicher, daß Sie eine bestimmte Blüte brauchen, so notieren Sie sich diese für Ihre aktuelle Blütenkombination.

Wenn Sie mit Hilfe des Fragebogens Ihre aktuelle Bach-Blüten-Mischung bestimmt haben, können Sie sich für eine der beiden folgenden Anwendungsformen entscheiden:

1. Zubereitung nach der Wasserglas-Methode

Geben Sie je zwei Tropfen aus der betreffenden Stockbottle in ein Glas Wasser und trinken Sie dies über den Tag verteilt. Setzen Sie die Einnahme so viele Stunden oder Tage fort, bis Sie an Ihrem Befinden feststellen, daß sich der akute Zustand harmonisiert hat.

2. Zubereitung einer Einnahmeflasche

Soll die Einnahme der Blütenmischung über einen längeren Zeitraum erfolgen, empfiehlt sich die Zubereitung einer Einnahmeflasche. Hierzu mischen Sie die betreffenden Blütenkonzentrate wie folgt in einem fest verschließbaren, mit einer Tropfvorrichtung ausgestatteten Glasfläschchen. Geben Sie 3 Tropfen aus jeder Stockbottle (Konzentratflasche) auf eine 30-ml-Flasche mit ¾ stillem Mineralwasser und ¼ Cognac oder Obstessig zur Konservierung. Sie können nach Bedarf auch kleinere oder größere Einnahmefläschchen verwenden. In jedem Fall benötigen Sie von jeder gewählten Blüte 1 Tropfen Konzentrat pro 10 ml Einnahmemischung.

Dosierung

Die Standarddosierung beträgt mindestens 4mal täglich 4 Tropfen aus der Einnahmeflasche (Zubereitung wie auf Seite 172 beschrieben). Sie können die Tropfen z. B. morgens als erstes nach dem Zähneputzen, mittags um 12.00 Uhr auf leeren Magen, gegen 17.00 Uhr auf leeren Magen und abends als letztes nach dem Zähneputzen einnehmen. Nach Bedarf können Tropfenanzahl und Einnahmehäufigkeit auch verringert bzw. erhöht werden. Zur Entfaltung der vollen Wirkung behalten Sie die Tropfen vor dem Hinunterschlucken einen Moment lang im Mund.

Für die Einnahmedauer gibt es keine Standardvorschriften. Nehmen Sie die Tropfen so lange ein, bis Sie von selbst feststellen, daß Sie sie nicht mehr benötigen. Das kann je nach Typ und Situation von ca. 4 Wochen bis zu 4 Monaten dauern.

Wichtige Hinweise

■ Grundsätzlich sollte man in einer längerfristigen Mischung nach Möglichkeit nicht mehr als 6 Blütenkonzentrate kombinieren.

■ Kurzfristig notwendige Blütenkonzentrate können nach der Wasserglas-Methode gleichzeitig zusätzlich eingenommen werden.

■ Sollte es Ihnen am Anfang nicht möglich sein, sich in Ihrer längerfristig wichtigen Mischung für 6 Blüten zu entscheiden, überlegen Sie zunächst, welche von den ausgewählten Blütenzuständen *jetzt* am ausgeprägtesten sind. Sie können unbesorgt auch mehr als 6 Blüten kombinieren. Da alle Blütenkonzentrate miteinander harmonieren, ist es am Anfang sicherer, eher mehr Blüten in die Kombination zu geben, als zu riskieren, daß eine für die Gesamtwirkung vielleicht entscheidende Blüte fehlt.

■ Nach Angaben des Dr. Edward Bach Centres in England können die Bach-Blütenkonzentrate von Menschen jeden

Alters unbedenklich eingenommen werden. Es besteht keine Gefahr der Überdosierung. Nebenwirkungen wurden auch bei unzutreffender Auswahl der Konzentrate in 60 Jahren nicht beobachtet. Aufgrund der uns bisher bekanntgewordenen Erfahrungen wird die Wirkung der Bach-Blütenkonzentrate weder durch die gleichzeitige Einnahme von Arzneimitteln beeinflußt noch beeinflussen diese die Wirkung von Arzneimitteln. Dieses gilt ausschließlich bei vorschriftsmäßiger Anwendung der Methode.

8
Verlauf einer Bach-Blütentherapie

(Fallbeispiel aus einer Naturheilpraxis)

Vorgeschichte: Die etwas verhalten wirkende 23jährige technische Zeichnerin, die noch im Elternhaus lebt, hatte mit 12 Jahren zum ersten Mal ihre Mensis bekommen, die dann bis zu ihrem 15. Lebensjahr regelmäßig eintrat. Nach einem dreiwöchigen Englandaufenthalt – ohne besondere Vorkommnisse – kam die Periode immer seltener; als die Patientin 16 Jahre alt war, blieb die Regel ganz aus. Hormonbehandlungen fruchteten nicht und wurden deshalb wieder eingestellt. Ebensowenig Erfolg brachten in diesem Fall auch Mittel wie Feminon und Agnolyt.

Ich verordnete ihr zunächst für acht Wochen vier Blüten, die in solchen Fällen überdurchschnittlich oft erfolgreich gewirkt haben:

Star of Bethlehem – Schockzustand auf feineren Energieebenen

Pine – Selbstvorwürfe

Rock Water – starre innere Prinzipien, die vitale Bedürfnisse unterdrücken

Cherry Plum – Angst, innerlich loszulassen.

Im Anschluß daran sollten für sieben Wochen

Centaury – mangelnde Ausbildung des eigenen Willens
und
Walnut – die Blüte, die den Durchbruch schafft

eingenommen werden.

Da dieser Fall ein Musterbeispiel für einen klassischen Ablauf einer Bach-Blütentherapie ist, hier der gesamte Therapieverlauf in den eigenen Worten der Patientin. (Unredigierte und ungekürzte Tagebuchnotizen)

1. Tag, 2. Dezember, Freitag

Keine außergewöhnlichen Vorkommnisse, gewisse Hochstimmung, die ich auf die Erlebnisse vom Vortage (Fahrt nach Hamburg, neue Erkenntnisse) zurückführe. Ich fühle mich etwas freier als sonst.

2. Tag, Samstag

Nach dem Aufwachen erinnere ich mich an einen Traum, in dem ich feststelle, daß mein Slip blutig ist. Ich frage mich, ob das meine Menstruation sein kann, fast ungläubig. Komme im Traum dann zu dem Ergebnis, daß es die Periode sein *muß*. An dieser Stelle bin ich dann aufgewacht. Den Tag über bin ich selbstbewußter als sonst, sage eher meine Meinung, bin im Hinblick auf die Reaktionen der Mitmenschen nicht mehr ganz so ängstlich.

3. Tag, Sonntag

Grundstimmung zuversichtlich, sonst unverändert.

4. Tag, Montag

Leichte Mißstimmung, Neigung zu depressiver Stimmung und schlechter Laune, etwas lustlos; ich gebe aber nicht meiner negativen Stimmung nach, überwinde sie.

8. Tag, Freitag

Teilweise großes Gottvertrauen und ein großes Glücksgefühl. Ich spüre Gottes Gegenwart. Leider zuvor (mittags und morgens) etwas Mutlosigkeit und Angst, die aber niedergedrückt werden kann. Schuldgefühle.

9. und 10. Tag, Samstag, Sonntag

Ich achte zu sehr auf die Bedürfnisse anderer. Meine eigenen kommen dadurch zu kurz. Wenn ich nach meinen Empfindungen handle, überkommt mich ein schlechtes Gewissen, weil ich eventuell dadurch andere verletzen könnte. Außerdem bin ich zu fest gefügt in die mir anerzogenen Moralvorstellungen.

11. Tag, Montag

Eventuell neue Perspektiven im Beruf. Ich bin innerlich sicher, daß mir mein Weg gezeigt wird, daß ich geführt werde, wenn vielleicht auch mit Umwegen.

Seit den letzten drei Tagen träume ich intensiver, lebhafter. In manchen Augenblicken spüre ich ganz deutlich Gottes Kraft in mir, ich bin dann ganz gelassen und ruhig.

12. Tag, Dienstag

Einiges ist schiefgelaufen. Aber ich drehe nicht wie früher durch und verliere mich in meiner depressiven Phase. Gott, führe mich.

13. Tag, Mittwoch

Etwas mut- und lustlos.

14. Tag, Donnerstag

Depressive Stimmung hat sich gesteigert. Ich fühle mich gleichgültig und mutlos. Mein Leben erscheint mir fad und ohne Aussicht auf Besserung. Ich hoffe, daß dies die erste Wirkung auf die Blüten-Tropfen ist. Ich halte durch.

15. Tag, Freitag

Ein Gefühl, als ob das Leben leer, aussichtslos ist und als ob alles stagniert. Ich bin unzufrieden mit meinem Dasein, habe Schuldgefühle.

Es ist schlimmer als gestern, aber ich hoffe weiter.

16. Tag, Samstag

Wie gestern, alles scheint ohne großen Sinn, trotzdem tief im Innern eine (leider nicht ganz starke) Gewißheit, daß alles anders wird.

17. Tag, Sonntag

Meine Stimmung bessert sich.

Ich sehe, daß ich Geduld haben muß. Neue Impulse: Klavierspielen wiederaufnehmen, Italienisch lernen. Ich weiß, meine wahre Aufgabe wird mir gezeigt, wenn die Zeit dafür reif ist, und das ist sie noch nicht. Ich merke jetzt, wenn ich in meinen alten Fehler, nur auf die Bedürfnisse anderer zu achten, zurückfallen will. Das ist für mich schon ein Fortschritt. Leider kann ich ein leises Schuldgefühl nicht unterdrücken, wenn ich meinen Willen oder Wunsch durchsetze.

18. Tag, Montag

Ein sehr schwarzer Tag, Leere, depressive Anwandlungen.

19. Tag, Dienstag, 20. 12.

Meine Stimmung ist etwas besser. Ich fange wieder an zu hoffen, bin aber weiterhin desinteressiert und phlegmatisch.

20. Tag, Mittwoch, 21. 12.

Stimmung ähnlich wie gestern, ich merke, wie positive Kräfte für mich arbeiten, wie ich gelenkt werde. Ich werde aber ungeduldig, dieses Gefühl muß ich bekämpfen. Ich hoffe weiter. Mir wird schon das zukommen, was mir zugedacht ist.

21. Tag, Donnerstag, 22. 12.

Ich weiß, wo es langgeht, und ich weiß auch, daß es ein schwerer Weg wird, aber doch ein erfüllter und glücklicher.

22. Tag, Freitag, 23. 12.

Hochstimmung etwas abgeflaut, aber ich bin zuversichtlich und selbstsicherer als zuvor.

23. Tag, Samstag, Heiliger Abend

Unverändert im großen und ganzen. Ich habe das Gefühl, schlechter zu sehen.

Stimmungsmäßig aber eigentlich freier als früher und ganz zuversichtlich.

24. Tag, Sonntag, 25. 12.

Ich fühle in mir große Kraft und hoffe, diese sinnvoll anwenden zu können.

Zu Hause fühle ich mich unfrei und eingeschränkt, eingesperrt. Ich will meine Angst und Bequemlichkeit bezwingen, ausziehen und mein eigenes Leben leben.

25. Tag, Montag, 26. 12.

Insgesamt gute Stimmung, aber das Gefühl, daß alles stagniert. Ich bin wieder ungeduldig.

26. Tag, Dienstag, 27. 12.

Ich fühle immer mehr, daß ich von zu Hause weg muß. Ich fühle mich eingesperrt.

27. Tag, Mittwoch, 28. 12.

Ich sehe wieder besser. Aber ansonsten ist wieder ein Tiefpunkt, zwar keine direkte Depression, aber ich lasse mich etwas hängen und zeige wieder mein altbekanntes Phlegma.

28. Tag, Donnerstag, 29. 12.

Unverändert.

29. Tag, Freitag, 30. 12.

Teilweise Hochstimmung, zu Hause empfinde ich Beengtheit.

30. Tag, Samstag, 31. 12.

Ich ärgere mich, daß ich Angst habe, in eine Situation hineinzugehen, wenn ich ohne Schützenhilfe bin. Aber immerhin lasse ich mich nicht mehr soviel fremdbestimmen.

31. Tag, Sonntag, 1. 1. 84

Gewisse Stagnation. Ich meine, etwas müsse sich ändern, aber ich rühre mich nicht um einen Schritt weiter. Auch wenn ich Angst vor der Einsamkeit habe – ich muß von zu Hause ausziehen.

32. Tag, Montag, 2. 1.

Ziemlich unverändert. Ich verlange nach Veränderung, nach Fortschritt und Entwicklung, aber den äußeren Umständen nach bleibt alles unverändert.

Doch ganz im Innern spüre ich, daß sich bald einiges verändern wird. Es ist, als brodele etwas in mir, ganz leise noch, das aber früher oder später herausbricht mit Kraft.

33. Tag, Dienstag, 3. 1.

Ich bin gereizt, falle in alte Verhaltensweisen zurück und ärgere mich darüber.

34. Tag, Mittwoch, 4. 1.

Eigentlich sehr gute Laune, ich weiß nicht recht, was ich da sagen soll, aber ich ahnte einige Dinge, die sich auch im Laufe des Tages einstellten. Es handelte sich nicht um weltbewegende Ereignisse, aber immerhin war ich erstaunt darüber.

35. Tag, Donnerstag, 5. 1.

Ich bin mit einem eigenartigen Traum wach geworden. Vieles weiß ich nicht mehr. Aber eine Szene ist mir im Gedächtnis geblieben:

Ich befinde mich in einem Kreisverkehr und suche die richtige Straße heraus, die mich zu meinem Ziel führt (was das genau war, weiß ich nicht mehr, ich glaube aber, ich wollte einen für mich wichtigen Menschen aufsuchen).

Ich habe mich gerade für eine Ausfahrtsstraße entschieden, die ich ziemlich sicher für die richtige zu meinem Ziel halte, werde dann aber wie durch höhere Gewalt auf eine andere Ausfahrtsstraße gelenkt, die sich dann wirklich als die richtige und kürzeste entpuppt, worüber ich einerseits sehr erstaunt bin, andererseits aber auch wieder nicht, da ich es für Gottesführung gehalten habe.

Ich schildere diesen Traum so deutlich, weil ich ihn gleich so interpretiert habe, daß Gott mir auch im Leben, entgegen meiner Weisheit, den richtigen Weg zeigen wird oder auch schon dabei ist, ihn mir zu zeigen, obwohl ich innerlich noch unsicher bin und mich etwas sträube aus Angst und Bequemlichkeit.

Sonst bin ich freier im Umgang mit meinen Mitmenschen. Doch es fällt mir immer noch schwer, meine Meinung klar herauszustellen, weil ich gefallen will.

Ich bin etwas toleranter gegenüber mir selbst geworden, gegenüber meinen Fehlern.

36. Tag, Freitag, 6. 1.

Etwas depressiv, aber nicht viel, eigentlich voller Vertrauen.

37. Tag, Samstag, 7. 1.

Große Sorge in der Familie. Ich will meiner Mutter helfen, mich aber trotzdem nicht festhalten lassen, denn ich muß mich aus dem Bannkreis meiner Familie lösen, da ich mich sonst nicht weiterentwickeln kann.

38. Tag, Sonntag, 8. 1.

Gerade (5.00 morgens) wache ich auf. Ich hatte den schlimmen Traum, daß mein Vater gestorben sei. Hängt das mit den Sorgen, die ich bezüglich meiner Mutter habe, zusammen?

Abends: Der Tag war an sich erfolgreich. Ich habe eine eigene Wohnung gefunden und blicke trotz einiger Beklommenheit ganz optimistisch und zuversichtlich in die Zukunft.

39. Tag, Montag, 9. 1.

Unverändert.

40. Tag, Dienstag, 10. 1.

Ich fühle mich leicht, unbeschwert und geneigt, trotz äußerer negativer Umstände das Beste zu hoffen. Bemerkenswert ist das überwiegend leichte Gefühl, das etwas Befreiendes an sich hat.

41. Tag, Mittwoch, 11. 1.

Ich habe, wie schon seit einigen Tagen, wieder Verspannungsgefühle im Gesicht (rechte Gesichtshälfte). Scheinbar fällt mir das Sprechen dann schwerer.

Außerdem verspüre ich ab und zu in der rechten Brust unterhalb der Achselhöhle ein Ziehen.

Die Stimmung ist, trotz vieler negativer Aussichten, gelassen. Ich bin auf eigenartige Weise zuversichtlich. Irgendwie ist mir, als sei dies eine unwirkliche Übergangsphase, als sei ich Zuschauer meiner selbst in der jetzigen Situation.

42. Tag, Donnerstag, 12. 1.

Ähnlich wie gestern.

43. Tag, Freitag, 13. 1.

Eigentlich ein schwarzer Tag. Etwas depressiv, unausgeglichen. Trotz allem steht im Hintergrund diese felsenfeste Zuversicht auf Besserung und Änderung meines Lebens in jeder Hinsicht.

44. Tag, Samstag, 14. 1.

Ähnlich wie gestern, aber die positive Haltung setzt sich mehr durch als gestern.

45. Tag, Sonntag, 15. 1.

Ich habe sehr bewußt gelebt heute. Auch wieder positive Grundstimmung. Ich fühle mich mehr als sonst als Individuum, sogar zeitweise als etwas Besonderes.

46., 47., 48. Tag

Ich bin unruhig, suche und finde nichts. Ich will mich zerstreuen, bin nur auf der Flucht vor mir selbst, will gar nicht zur Ruhe kommen.

49. Tag, Donnerstag, 19. 1.

Die Unruhe flaut etwas ab. Ich erkenne, daß es Quatsch ist, aus Angst, das Leben zu verpassen, hektisch zu werden und mit Gewalt etwas erleben wollen.

Ich weiß, alles wird sich geben, ich kann nichts erzwingen.

50. Tag, Freitag, 20. 1.

Ich bin ganz ruhig geworden. Ich erkenne, daß ich die augenblickliche Ruhephase brauche, um Kraft zu sammeln für das Kommende. Ich spüre, daß einiges kommen wird. Auch die äußeren Bedingungen zeichnen sich dafür ab: baldiger Umzug aus dem Elternhaus in die Fremde. Ich weiß, dies ist nur eine Übergangsphase, die ich nutzen soll zur Erlangung neuer Erkenntnisse, die mir zuträglich sind für das Kommende.

51. und 52. Tag, Samstag und Sonntag

Trotzdem gerate ich nicht in Panik und Hysterie, wie das früher der Fall war.

Ich bin innerlich gelassen und vertraue auf Gottes Beistand und Hilfe, auch wenn ich manchmal weinen muß.

Ich weiß, daß dies eine Aufgabe für mich ist, vor der ich nicht weglaufen und die Augen zumachen will, sondern die ich bewältigen will.

So eigenartig es klingt, irgendwie freue ich mich, daß ich eine Aufgabe zu erfüllen habe, wenn sie auch schwer und nicht erfreulich ist.

Ich bin im Innersten voller Zuversicht und Glauben.

53. Tag, Montag, 23. 1.

Zuversichtlich.

54. Tag, Dienstag, 24. 1.

Unverändert.

55. Tag, Mittwoch, 25. 1.

Nicht mehr ganz so frohgemut. Ich weiß mich nicht einzuordnen. Teilweise fühle ich mich den anderen Mitmenschen so entrückt, so überlegen, weil ich eine viel umfassendere Lebensansicht habe, die nicht so durch Zeit und Raum beschränkt ist. Aber insgesamt fühle ich mich wohl.

56. Tag, Donnerstag, 26. 1.

Ich bin deprimiert und lustlos. Ich fühle mich schlecht, fühle mich allein. Allerdings hatte ich einen schönen Traum: meine Periode sei gekommen! Ich wünsche, es wäre wirklich so, dann hätte ich etwas, was mir Mut zum Weitermachen gibt. Ende der 1. Einnahme-Phase.

2. Einnahme-Phase:

Walnut und *Centaury* – 7 Wochen lang.

Über diese Phase hat die Patientin leider kein detailliertes Tagebuch mehr geführt. Die nachfolgenden Aufzeichnungen wurden erst nach Abschluß der sieben Einnahme-Wochen und nach Wiedereinsetzen der Periode von ihr niedergeschrieben.

Zusammenfassung der 2. Einnahme-Phase:

»Eigentlich habe ich in dieser Phase nichts grundsätzlich Neues an meinem Wesen feststellen können. Vielleicht aber habe ich mir mehr als vorher gewünscht, daß sich meine Periode wieder einstellt. Ich habe zwar nicht ständig daran gedacht, aber öfter als in der Zeit, als ich die Bach-Blüten noch nicht einnahm. Ein- oder zweimal tauchte diese Thematik in meinen Träumen auf. Ich träumte, daß ich meine Periode bekäme und sehr detailliert, wie ich darauf reagierte. Manchmal hatte ich in meinen Träumen auch sexuelle Erlebnisse. Alles in allem setzte ich mich mehr als früher mit meinem Geschlecht auseinander. Eine ›Wiederherstellung‹ des Normalzustandes schien mir nicht ohne Aussicht, wenn ich auch nicht darauf hin gefiebert habe. Ich war sicher, daß sich meine weiblichen Funktionen wieder einstellen würden, wenn ich zu mir selbst gefunden und mich selbst mehr akzeptiert hätte.

Innerlich habe ich also einen gewissen Widerstand aufgegeben, nämlich den Gedanken, daß sich wohl kaum etwas an meiner ›periodenlosen‹ Situation ändern würde. Diesen Gedanken hatte ich vorher nämlich leider schon mehr oder weniger akzeptiert.

Am Samstag, den 10. März, drei Tage vor Schluß der siebenwöchigen zweiten Einnahmephase, bekam ich dann zum ersten Mal nach sieben Jahren wieder meine Periode – nicht sehr stark, aber immerhin für fast vier Tage!

Nun hoffe ich, daß sich meine Menstruation wieder normalisiert und sich weiterhin regelmäßig einstellt. Weiterhin hoffe ich, daß die Blütentherapie mir bei meinem noch so weiten Weg zu meiner eigentlichen Bestimmung im Leben weiterhilft.«

Aus diesen Notizen wird ein wichtiges Prinzip der Blütentherapie sehr gut deutlich:

Eine Blüte kann erst dann eingesetzt werden, wenn die Zeit dafür reif ist. Ohne die erste Behandlungsphase, die Auflösung von Schocks, Schuldgefühlen, inneren Fehlentscheidungen und Ängsten, wäre ein Durchbruch wahrscheinlich nicht möglich gewesen. Der Versuchung, bestimmte Blüten zu früh einzusetzen, sollte man gerade als Neuling in der Bach-Blütentherapie widerstehen.

Zum Abschluß der vorgelegten Fallstudie sei allerdings festgehalten:

Die Bach-Blütentherapie ist eine höchst individuelle Therapieform. Es gibt keine zwei gleichen Menschen, deshalb auch keine zwei identischen Therapieverläufe. Die dargestellte Fallstudie möge als Beispiel und Anregung betrachtet werden, sollte aber nicht als Maßstab zur Beurteilung eigener oder fremder Reaktionen verwendet werden.

Weitere Fallstudien enthält das Buch: Mechthild Scheffer, *Erfahrungen mit der Bach-Blütentherapie.*

9
Die Bach-Blüten in der Praxis

Zubereitung und Dosierung

Zubereitung: Die vom englischen Bach-Centre gelieferten Blüten-Konzentrate in Vorratsfläschchen oder Stockbottles sind Konzentrate und müssen vor Gebrauch mit einer Mischung aus ca. ¾ Wasser und ¼ Alkohol auf Einnahme-Stärke verdünnt werden. Edward Bach verwendete Quellwasser aus der Natur. Heute nimmt man am besten ein Quellwasser ohne Kohlensäure aus dem Reformhaus. Destilliertes Wasser ist totes Wasser und daher als Trägersubstanz nicht geeignet.

Alkohol: Er dient zur Konservierung der Tropfen. Das ist besonders bei sommerlichen Temperaturen notwendig, wenn das Wasser schnell faulig wird oder wenn die Tropfen über einen längeren Zeitraum hinweg eingenommen werden sollen. Für eine Blüten-Kombination, die nur wenige Tage eingenommen werden soll, ist Alkohol-Konservierung nicht unbedingt notwendig. Statt dem von Edward Bach verwendeten Brandy kann auch Obstessig, Weingeist oder ein anderer, möglichst reiner Alkohol unter 50% benutzt werden.

Die Standardverdünnung zur Einnahme ist ca. 1 Tropfen auf 10 ml. Das heißt, man gibt z. B. zwei Tropfen aus dem Vorratsfläschchen auf ein mit Wasser und Alkohol vorpräpariertes

20-ml-Medizinfläschchen (in England verwendet man 1-ounce-Fläschchen [30 ml]) und stellt so die sogenannte Einnahme-Flasche her. Um z. B. eine Mischung aus drei verschiedenen Bach-Blüten-Konzentraten herzustellen, tropft man also je zwei Tropfen (Ausnahme: aus der Rescue-Stockbottle 4 Tropfen [statt 2] nehmen) aus den jeweiligen Stockbottles in die mit Wasser und Alkohol vorgefüllte Einnahme-Flasche. Vor der ersten Einnahme die Mischung gut schütteln.
Flaschen: Am besten geeignet sind braune Nasentropfer-Flaschen mit Pipette (oder Medizinfläschchen mit Tropfeinsatz), die es in Größen von 10 bis 50 ml in Apotheken zu kaufen gibt.

Dosierung: Die Standarddosierung ist mindestens viermal täglich vier Tropfen: morgens als erstes, mittags auf leeren Magen etwa 20 Minuten vor dem Essen, nachmittags gegen 17.00 Uhr auf leeren Magen und abends als letztes, nach Bedarf auch öfter. Am besten tropft man sie mit der Pipette direkt auf oder unter die Zunge. Vor dem Schlucken sollte man die Tropfen einen Moment lang im Mund behalten, da hier die Wirkung einsetzt.

In akuten Zuständen kann die Häufigkeit der Dosierung erheblich erhöht werden. Man gibt dann alle 10 bis 30 Minuten eine Dosis von 4 Tropfen, so lange, bis Zeichen der Besserung eintreten. Sehr sensible Personen kommen auch mit einer geringeren Dosis aus, z. B. zwei Tropfen zweimal am Tag.

Eine andere wichtige Einnahmeform, die Wasserglas-Methode, die besonders in akuten Fällen angezeigt sein kann: Man tropft täglich aus jeder der ausgewählten Stockbottles zwei Tropfen in ein Wasserglas und trinkt dieses über den Tag verteilt leer.

Weitere Anwendungsmöglichkeiten außer Tropfen

Umschläge: Bach verordnete sie zusätzlich zu der Tropfen-Einnahme bei äußerlichen Begleiterscheinungen wie z. B. bei

Hautausschlägen und Entzündungen. Man gibt ca. 6 Tropfen auf eine Halbliterschüssel mit Wasser.

Bäder: Viele Bach-Freunde schwören auf Bäder mit bestimmten Bach-Blüten-Konzentraten, z. B. Hornbeam und Crab Apple gegen Erschöpfung. Sie geben ca. 5 Tropfen aus der Stockbottle in ein Vollbad.

Sensitive Behandler verordnen Bach-Blüten-Konzentrate außerdem gelegentlich:

»Im akuten Zustand die Flasche zusätzlich einige Tage bei sich am Körper tragen.« Als Dauermaßnahme nicht geeignet.

»Die Mischung anfangs nachts in ca. 20 cm Abstand vom Bett stehenlassen.« Hier scheinen die Blütenkonzentrate die Traumverarbeitung oft weit zurückliegender Blockaden günstig zu beeinflussen. Häufig sind Honeysuckle, Star of Bethlehem, Rock Water oder Walnut angezeigt. Auch diese Methode ist nicht bei allen Menschentypen angebracht.

»Auf Energiezentren (Chakren)«: In Yoga-Kreisen werden die Blüten-Konzentrate statt auf die Zunge manchmal direkt auf bestimmte Chakren geträufelt.

Wie lange muß man eine Bach-Blüte einnehmen, bis eine Wirkung eintritt?

Hierzu gibt es mehrere Antworten. Viel hängt davon ab, *wie tief* das eigentliche Problem verwurzelt ist.

Wenn man eines Tages beim Aufwachen den typischen ›Montagmorgen-Kater‹ verspürt, dürften ein paar Tropfen Hornbeam in einem Glas Wasser beim Aufstehen schlückchenweise getrunken genügen, um den Tag dennoch mit Schwung angehen zu können. Gegen ein unbestimmtes Gefühl von Unbehagen oder schlechter Vorahnung könnte Aspen in gleicher Weise helfen.

Diese Anwendungsform ist geeignet für das stimmungsmäßige Auf und Ab des täglichen Lebens.

Wenn es sich jedoch um ein tieferliegendes, schon länger andauerndes Problem handelt, muß man weiter forschen, um zunächst den wesentlichen, ursprünglichen negativen Seelenzustand zu erkennen und danach die weiteren Zustände, die sich als Folge des ursprünglichen negativen Seelenzustandes zusätzlich entwickelt haben.

Nehmen wir zur Veranschaulichung eine Kinderwippe:

Abb. 1

In Abbildung 1 ist die Wippe im Gleichgewicht, in der Waagerechten. Dieses Gleichgewicht entspricht dem von der Natur gewollten, harmonischen Seelenzustand, der es uns ermöglicht, auf unserem Lebensweg voranzuschreiten und sämtliche Erfahrungen, die uns begegnen, positiv zu meistern. Die erfolgreiche Auseinandersetzung mit den Lektionen des Lebens stabilisiert und entfaltet unsere Persönlichkeit.

Aber in Wirklichkeit gelingt es nur den wenigsten, auf dem Lebensweg voranzukommen, ohne seelische Mißverständnisse, die uns aufhalten oder straucheln lassen. Genau hier liegt der Ansatzpunkt für die Bach-Blütentherapie.

Nehmen wir als Beispiel einen Mann, der tüchtig ist, Freude an seiner Arbeit hat und daher seelisch relativ ausgeglichen, ›mit sich selbst im reinen‹ ist.

Eines Tages stellt dieser Mann fest, daß seine erfolgreiche Berufstätigkeit mehr und mehr Verantwortung von ihm fordert, und er fühlt, wie diese anfängt, ihn zu belasten. Dadurch kommt er, wie der Neigungswinkel der Wippe in Abbildung 2 zeigt, seelisch aus dem Gleichgewicht. Und das verlangsamt seinen weiteren Entfaltungsprozeß (Position A).

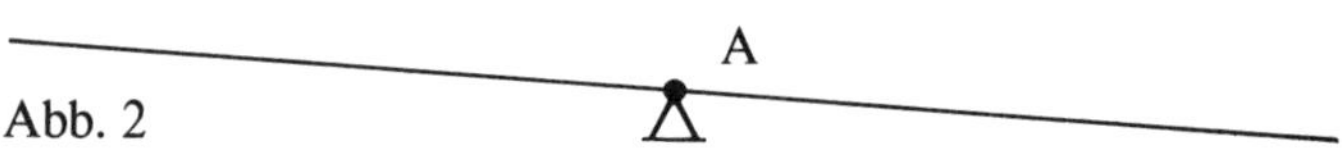

Abb. 2

Da in diesem Stadium das Problem noch nicht tief verwurzelt ist, genügt schon eine geringe Justierung, ein kleiner Impuls, um die Wippe wieder ins Gleichgewicht zu bringen. Die passende Blüte Elm (gegen das vorübergehende Gefühl, seiner Aufgabe nicht gewachsen zu sein) zu diesem Zeitpunkt eingenommen, würde sein seelisches Gleichgewicht wieder herstellen. Seine Entwicklung würde normal weiterlaufen.

Aber wenn der Mann die Wippe in der geneigten Position beließe, ohne gegen das Gefühl der Unzulänglichkeit anzukämpfen, würden nach der Art eines ›Schneeballeffektes‹ weitere seelische Folgezustände daraus entstehen: Weil er weiter an seinen eigenen Fähigkeiten zweifeln würde (obwohl er früher seiner selbst völlig sicher war), würde er jetzt z. B. Angst vor der Zukunft, Angst um seinen Besitz, Angst, daß seiner Familie etwas zustößt, entwickeln (Position B bzw. C).

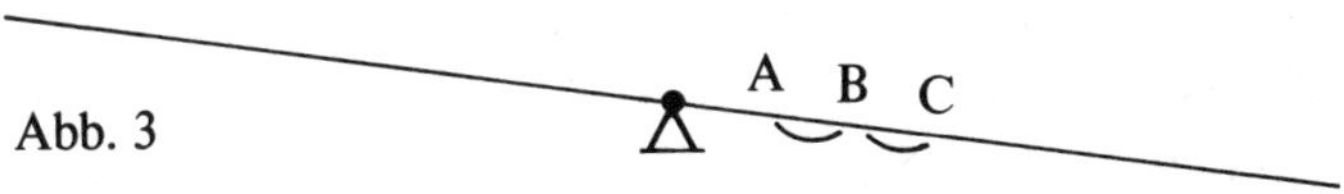

Abb. 3

Läßt der Mann nun diese seelischen Zustände weiter andauern, so würde er sich etwa nach 1 – 5 Jahren am unteren Ende der Wippe befinden (Abb. 4). Sein Grundproblem, daß er ursprünglich zuviel Verantwortung übernommen hat, hat sich nun tief verwurzelt, und die daraus folgenden Belastungen durch Streß, Sorgen und Angst könnten sich in Form eines körperlichen Zusammenbruchs (z. B. in Magenbeschwerden, Asthma, chronischer Nebenhöhlenentzündung) äußern, falls der Körper der schwächste Punkt dieses Mannes ist. Würde der Mann aufgrund einer vielleicht guten körperlichen Konstitution nicht in dieser Weise leiden, würde es vermutlich zu einem psychischen Zusammenbruch kommen (Position D).

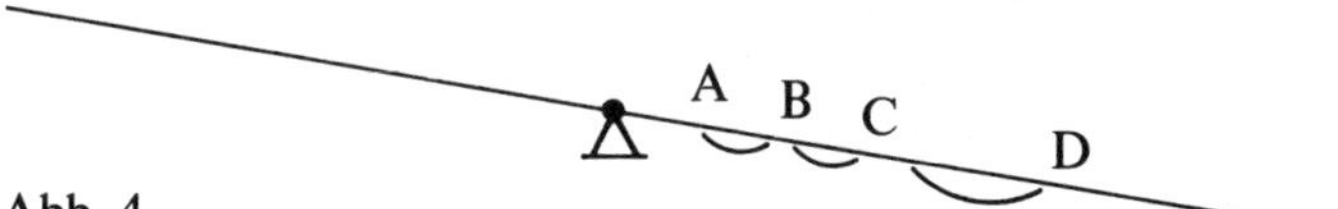

Abb. 4

Also muß die Zeit, die die Bach-Blüten brauchen, um zu wirken, danach beurteilt werden, auf welchem Neigungswinkel der Wippe ein Zustand korrigiert werden muß; ob es nur das Grundproblem zu behandeln gilt oder schon das Grundproblem und weitere Folgezustände. Je tiefer man in seinen Problemen verstrickt ist, desto größer ist der zu korrigierende Winkel bei der Wippe.

Hier ist zu beachten, daß man auch bei dem zuletzt beschriebenen Stadium (Abb. 4) noch die gleiche ›Basis-Blüte‹ einsetzen muß, wie wenn man schon im ersten Stadium (Abb. 1) behandelt hätte; nämlich Elm. Denn das Gefühl, seiner Verantwortung nicht gewachsen zu sein, ist ja die Ursache für die erste Disharmonie und alle Folgezustände. Für die Folgezustände würde man der Mischung z. B. Larch und Mimulus beifügen.

Noch ein wichtiger Punkt: Beim Betrachten der geneigten Wippe wäre es nun ein Irrtum anzunehmen, daß der höchste Punkt der Wippe das Positive darstellt, da das untere Ende negativ ist. Natürlich sind beide Pole aus dem Gleichgewicht. Durch Justieren oder Reharmonisieren des negativen Poles kehrt auch das obere Ende der Wippe in eine gesunde Mittellage zurück. Dieses ist der wahre Positivzustand und das Ziel der Bach-Blütentherapie.

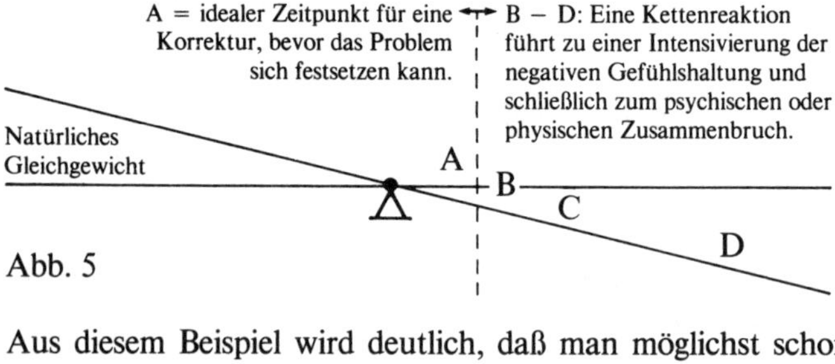

Abb. 5

Aus diesem Beispiel wird deutlich, daß man möglichst schon zum frühesten Zeitpunkt die ersten seelischen Symptome erkennen und korrigieren sollte und nicht abwarten, bis sich weitere negative Seelenzustände darauf aufbauen.

(Entnommen aus Howard/Ramsell, ›Die Bach-Blüten‹, München 1991)

Die Bach-Blüten in Verbindung mit anderen Therapieformen

Die Bach-Blüten-Konzentrate arbeiten sehr harmonisch mit anderen Therapieformen zusammen, besonders mit allen, die ganzheitlich ausgerichtet sind.

Sehr fruchtbar ist in der Regel die Kombination von Psychotherapie und Bach-Blütentherapie. Eine Psychotherapeutin berichtet: Unter Bach-Therapie kommt die Psychotherapie besser in Gang. Man kommt schneller zu einem wesentlichen Punkt. Nebenprobleme, an denen sich die Therapie festzufahren droht, werden schneller aufgelöst.

Nichttherapiefähige Personen werden nach einer Periode der Behandlung mit den Bach-Blüten-Konzentraten sehr oft therapiefähig.

Selbst in sogenannten hoffnungslosen Fällen zeigen die Bach-Blüten eine erleichternde Wirkung und machen den Patienten gelassener und zugänglicher.

Schulmedizinische Behandlungen psychosomatischer Krankheiten lassen sich bei gleichzeitiger Bach-Therapie erheblich verkürzen. Bei der Behandlung chronischer Krankheiten brachte die Bach-Therapie oft die entscheidende Wende, weil dem Patienten die tieferliegenden Krankheitsursachen innerlich zugänglich wurden.

Die Bach-Blüten vertragen sich mit jedem Medikament, auch mit homöopathischen Hochpotenzen und Psychopharmaka. Erstere werden in ihrer Wirkung erfahrungsgemäß intensiviert. Letztere werden vielfach auf Wunsch des Patienten nach und nach von selbst aufgegeben.

Die Bach-Blüten bei Babies und Kindern

Babies: Häufig taucht die Frage auf, wie man die richtige Blüte für Babies herausfindet, die ja über ihren seelischen Zustand noch keine Auskunft geben können. Das ist aber einfacher als man denkt, weil Babies ihre Gefühle unmittelbar zeigen.

Da gibt es z. B. das immer gutgelaunte Agrimony-Baby. Es weint nur, wenn ihm wirklich etwas Ernstes fehlt. Das Chicory-Baby reagiert sofort ungnädig, wenn seine Bezugsperson es wagt, sich auch einmal um etwas anderes zu kümmern. Ein Baby, das durch alles und jedes ängstlich und irritiert wird, reagiert meistens gut auf Mimulus. Ganz typisch ist auch das Clematis-Baby, das in seiner eigenen Welt zu leben scheint. Es schläft viel und bringt selbst für die täglichen Mahlzeiten wenig Interesse auf.

Bei der Diagnose für Babies sollte man auch die Blüten beachten, welche die Eltern, besonders die Mutter zur gleichen Zeit einnimmt. Aufgrund der starken energetischen Verbindung in dieser Lebensphase sind die meisten der Blüten in den Kombinationen von Mutter und Säugling identisch.

Die Dosierung für Babies ist im Normalfall ebenso wie die für Erwachsene, denn bei den Bach-Blüten ist ja eine Überdosierung ausgeschlossen. Man gibt also 4 × 4 Tropfen aus der Einnahmeflasche in die Milchnahrung. Stillende Mütter nehmen die Tropfen selbst ein. Hier werden die Tropfen natürlich ohne Alkohol angesetzt.

Kinder: Kinder reagieren oft besser und schneller auf die Bach-Blüten-Konzentrate als Erwachsene, denn ihre Verhaltensmuster sind noch weniger verfestigt und mentale Widerstände so gut wie nicht vorhanden. Sie reflektieren nicht viel, sondern sie wollen nur eins, so schnell wie möglich wieder wohlauf sein.

Kinder sind meistens mühelos in der Lage, unter den 38 Vorratsfläschchen die notwendigen Blüten für sich selbst herauszugreifen, und sie lassen sich von ihrer Wahl auch nicht wieder abbringen. Häufig wird berichtet, daß die Kinder ihre Eltern von sich aus daran erinnern, daß es wieder Zeit ist, die Tropfen einzunehmen. Ähnlich wie Babies sollten auch Kinder nicht zu viele Blüten gleichzeitig nehmen. Oft brauchen sie auch geringere Dosen, und die Zeitintervalle beim Wechsel der einzelnen Blüten-Kombinationen sind kürzer.

Es gibt kaum etwas Eindrucksvolleres und Beglückenderes, als zu beobachten, wie einmalig und individuell Kinder reagieren, solange der Kanal zu ihrer Seele noch nicht vom ›Ernst des Lebens‹ zugeschüttet ist. Es kann gar nicht genug betont werden, wie wichtig es ist, Kindern, gerade in dem Alter, in dem sie für logische Argumente noch nicht aufgeschlossen sind, mit Bach-Blüten zu helfen. So können sie die unvermeidlichen Wechselfälle und Enttäuschungen ihres Lebens durchstehen, ohne daß psychische Verformungen zurückbleiben.

Der Satz ›Vorbeugen ist besser als Heilen‹ gilt hier ganz besonders. Wenn zum Beispiel die kleine agile, stets geistig wache Katrin eines Tages ungewöhnlich müde, einsilbig und geistesabwesend aus der Schule kommt, und Oma sagt, »mal sehen, was sie für eine Krankheit ausbrütet«, sollte man es nicht bei dieser Feststellung bewenden lassen, sondern ihr gleich ein paar Tropfen Clematis eingeben und beobachten, wie sie vom Zustand des ›Nicht-ganz-da-Seins‹ wieder zu ihrer normalen Wachheit und Agilität zurückfindet. Eine körperliche Krankheit braucht nun wahrscheinlich gar nicht ›ausgebrütet‹ zu werden, und wenn sie dennoch auftritt, verläuft sie erfahrungsgemäß kürzer und leichter als bei ihren Schulkameradinnen.

Vielen Kindern haben die Bach-Blüten bei Schulschwierigkeiten entscheidend helfen können. Hier ein Beispiel:

Ein achtjähriger Junge war in der Schule sehr langsam und in allen Leistungen hintendran. Im Unterricht zeigte er sich introvertiert und uninteressiert. Das Verhalten gegenüber seinen Klassenkameraden war unkameradschaftlich, anmaßend und unberechenbar. Manchmal griff er Schüler und Lehrer sogar tätlich an. Die Schulleitung teilte seinen Eltern schließlich mit, daß er für die Klasse untragbar sei und in eine Sonderschule umgeschult werden müsse. Die Bach-Therapie war der letzte Versuch.

Der Behandler beobachtete den Jungen eine Weile. Er bemerkte, daß er gern mit sich selbst Schach spielte und stets drei bis vier Züge im voraus im Kopf hatte. Er gab ihm Chestnut Bud für seine Lernschwäche, die in Wirklichkeit auf seine zu starke innere Dynamik zurückzuführen war. Aufgrund der gleichen Erwägung bekam er auch Impatiens, das außerdem gegen sein unkameradschaftliches Verhalten innerhalb der Klassengemeinschaft helfen sollte, schließlich noch Mimulus gegen seine allgemein zurückgezogene Haltung.

Diese Kombination nahm er zwei Wochen lang. Seine Schulleistungen, das Interesse am Unterricht und die Beteiligung verbesserten sich über alle Erwartungen hinaus. Da er aber immer noch brutal mit seinen Klassenkameraden umging, außerdem jetzt Alpträume hatte und schlafwandelte, gab man ihm zusätzlich Holly und Aspen. Nach weiteren zwei Wochen hatte er keine Aggressionen mehr gegenüber seinen Schulkameraden, er fing sogar an, Freundschaften zu schließen. Nachts schlief er wieder ohne Störungen durch.

Die Bach-Blütentherapie bei Tieren

Tiere reagieren auf die Bach-Blüten häufig noch schneller als Menschen. Die Therapien sind sehr kurz, erfahrungsgemäß nur drei bis zehn Tage lang.

Bei einer Diagnose für Tiere geht man genauso vor wie bei der Diagnose für Menschen. Man versucht, den seelischen Zustand des Tieres zu ergründen. Man beobachtet, wie sich ein Tier fühlt. Ein Hund kann zum Beispiel ein Heather-Typ sein, der sich gern in Szene setzt und dauernd etwas zu bellen hat. Es gibt Chicory-Hunde, die ihrem Besitzer ständig auf den Fersen bleiben und Aufmerksamkeit verlangen. Katzen sind oft Water Violet-Charaktere. Mimulus hilft nervösen Katzen. Ähnlich wie Mutter und Kinder brauchen auch ›Herr und Hund‹ häufig die gleichen Bach-Blüten-Konzentrate.

Bei vielen akuten Krankheitserscheinungen wie z. B. bei Unfällen, Bissen, Knochenbrüchen, Blähsucht, chronischem Erbrechen haben die Notfall-Tropfen vielen Tieren das Leben gerettet. Man gibt vier Tropfen aus der Vorratsflasche über das Futter oder direkt ins Maul. Bei vielen Verletzungen helfen Umschläge: 6 Tropfen aus der Vorratsflasche auf einen halben Liter Wasser. Zur Not kann man verletzte Körperstellen auch direkt aus der Vorratsflasche beträufeln.

Bach-Therapie bei Pflanzen

Spätestens seit Tompkins Buch über ›Das geheime Leben der Pflanzen‹ wissen wir, daß auch Pflanzen an Schock, Angst, Entmutigung, Unentschlossenheit usw. leiden können. Ereignisse wie Umtopfen, Austrocknen, Herunterfallen werden durch die Bach-Blütentherapie besser von der Pflanze verkraftet.

Grundsätzlich sollte in jeder Pflanzen-Kombination als Basismittel Rescue vorhanden sein und zusätzlich die weiteren Blüten, die in der jeweiligen Situation angezeigt sind.

Ungezieferbefallene Pflanzen gesunden unter Crab Apple und Agrimony, letzteres gegen das Unbehagen, das sie nicht ausdrücken können. Hornbeam gibt müden, kranken, schlaffen Pflanzen neue Kraft.

Folgende drei Kombinationen werden unter Bachfreunden und Hobbygärtnern weitergegeben. Zehn Tropfen aus der Stockbottle jeder Blütenessenz werden in eine große Gießkanne gegeben.

Wachstums-Kombination für Samen und Sämlinge

Vine: hilft, die harte Samenschale zu durchbrechen.

Hornbeam: gibt zusätzliche Kraft für die Wachstumsanstrengungen.

Olive: überwindet die durch den Keim- und Wachstumsprozeß hervorgerufene Erschöpfung.

Rescue: gegen alle Umwelteinflüsse.

Garten-Kombination

Crab Apple: gegen Ungeziefer aller Art.

Walnut: für den Übergang von einer Wachstumsphase in die nächste.

Rescue: gegen alle Umwelteinflüsse.

Schnittblumen-Kombination

Walnut: für den Umgebungswechsel

Wild Rose: gegen apathisch hängende Köpfe, besonders im Winter.

Rescue: gegen alle Umwelteinflüsse.

Bezugsquellen in den deutschsprachigen Ländern

Über die derzeitigen Bezugsmöglichkeiten sowie über alle theoretischen und praktischen Fragen der Original Bach-Blütentherapie informieren Sie die Büros der Institute für Bach-Blütentherapie, Forschung und Lehre, Mechthild Scheffer:

- Institut für Bach-Blütentherapie, Forschung und Lehre, Mechthild Scheffer
  Dr. Edward Bach Centre, German Office,
  Postfach 202551, 20218 Hamburg,
  Tel. 040/43257710, Fax 040/435253

- Institut für Bach-Blütentherapie, Forschung und Lehre, Mechthild Scheffer
  Dr. Edward Bach Centre, Austrian Office,
  Börsegasse 32/1, A-1010 Wien,
  Tel. 0043/1/5338640-0, Fax 0043/1/5338640-15

- Institut für Bach-Blütentherapie, Forschung und Lehre, Mechthild Scheffer
  Dr. Edward Bach Centre, Swiss Office,
  Mainaustraße 15, CH-8034 Zürich,
  Tel. 0041/1/3823314, Fax 0041/1/3823319

Die Original-Vorratsflaschen der Bach-Blüten-Konzentrate werden unter dem Namen ›Bach Original Flower Concentrates‹ in die drei deutschsprachigen Länder eingeführt. Für anders etikettierte Ware kann vom englischen Bach Centre bezüglich Echtheit und Legalität der Einfuhr keine Garantie übernommen werden.

Die Vorratsflaschen oder ›Stockbottles‹ sind als komplette Sätze aller 38 Bach-Blüten und 2 Rescue oder auch als Einzelflaschen lieferbar. Die Konzentrate sind außerordentlich ergiebig:

10,0 ml = ca. 130 Tropfen = Inhalt reicht für ca. 60 Einnahmeflaschen

Bei normaler Lagerung sind diese Vorratsflaschen unbegrenzt haltbar.

Rescue gibt es auch als Creme; Rescue-Konzentrat ist in den Größen 10 ml und 20 ml erhältlich.

Aus- und Fortbildung in der Bach-Blütentherapie

Die Institute für Bach-Blütentherapie, Forschung und Lehre, Mechthild Scheffer, veranstalten für alle Freunde der Bach-Blütentherapie in Deutschland, Österreich und der Schweiz ein autorisiertes Seminar-Programm zur Aus- und Fortbildung in der Bach-Blütentherapie.

Zielsetzung dieses Lehrprogrammes ist die zeitgerechte und umfassende Vermittlung der authentischen Form der Bach-Blütentherapie, um sie bei der Selbstbehandlung wie auch gegebenenfalls bei der Arbeit mit Patienten mit dem größtmöglichen Erfolg einsetzen zu können.

Informationen über das aktuelle Seminarangebot erhalten Laien und Fachbehandler ebenfalls bei den nebenstehenden Anschriften.

10
Edward Bach – Forschergeist und Altruismus

Der englische Arzt Dr. Edward Bach (geboren 1886 in einem kleinen Städtchen in der Nähe von Birmingham; gestorben 1936 in Sotwell, wo sich heute noch das Dr. Bach Centre befindet), hatte seine Studien an der Universität Cambridge erfolgreich abgeschlossen. Nach einer umfassenden Spezialausbildung, die er mit vier weiteren Diplomen beendete, wandte sich Dr. Bach zunächst der bakteriologischen Forschung innerhalb der orthodoxen Medizin zu, wo er durch seine hervorragenden Forschungsergebnisse bekannt wurde. Die starken Charakterzüge seiner Persönlichkeit begannen jedoch bald sein Schaffen zu beeinflussen und seinen weiteren Lebensweg zu bestimmen. Vor allem seine große Liebe zum leidenden Mitmenschen trieb seine Arbeit voran und öffnete ihm die Augen für die ›wahren Ursachen des Krankseins‹. Seine ausgezeichnete Beobachtungsgabe und große Konzentrationskraft ließen Edward Bach tiefe Menschenkenntnis entwickeln. Dazu kam als ideale Ergänzung seine Liebe zur reinen Natur, in der er zum Verständnis der großen Zusammenhänge in Gottes Schöpfung fand und die außerordentliche Einfachheit in ihr entdeckte. Diese Einfachheit sollte später der Schlüssel zu Bachs Lebensziel werden, das in dem ausgeprägten Wunsche bestand, der leidenden Menschheit durch ein allereinfachstes, jedermann zugängliches Heilverfahren zu helfen.

So begann er schon bald, seiner Arbeit innerhalb der orthodoxen Medizin eine bestimmte Ausrichtung zu geben. Mit aller Sorgfalt spürte er den inneren, seelischen Schwierigkeiten seiner Patienten nach und versuchte den wirklichen Ursachen der körperlichen Erkrankung auf die Spur zu kommen. Stundenlang konnte er an Krankenbetten sitzen und den Kranken zuhören, um so die inneren Nöte und Schwierigkeiten seiner Mitmenschen kennenzulernen.

Einige Zeit später kam er in Kontakt mit der homöopathischen Medizin und den Schriften Hahnemanns und fand darin zu seiner großen Freude die eigenen Erkenntnisse bestätigt. Die Ähnlichkeit zwischen Hahnemanns Entdeckungen und den seinen beeindruckte ihn sehr. In dem Grundsatz: »Behandle den Patienten und nicht die Krankheit!« fühlte sich Dr. Bach mit Hahnemann eins. Die Begegnung mit der Homöopathie öffnete in seinen eigenen Forschungen neue Perspektiven.

Zunächst widmete sich Dr. Bach einer weiteren Form bakteriologischer Forschungsarbeit am ›Königlichen Londoner Homöopathischen Krankenhaus‹. Sein besonderes Interesse galt hier der Erforschung der menschlichen Darmflora. Und es gelang ihm, aus der großen Vielfalt von Darmbakterien sieben spezifische Gruppen herauszufinden. Dabei machte er die Entdeckung, daß jeder dieser Hauptgruppen – wenn sie in der Darmflora eines Patienten vorherrschend waren – eine ganz bestimmte menschliche Persönlichkeitsstruktur zugeschrieben werden konnte. In der Folge entwickelte er eine auf der homöopathischen Methode basierende, orale Impftherapie. Es entstanden die sieben berühmten Bach-Nosoden. Hunderte von chronischen Fällen wurden mit außergewöhnlichem Erfolg behandelt. Die Bestätigung seiner unermüdlichen Forschung war da. In der praktischen Anwendung zeigte es sich immer deutlicher, daß alle jene Patienten, die unter den gleichen emotionalen und psychischen Schwierigkeiten litten, auch stets auf die gleichen Nosoden ansprachen, und zwar ohne Rücksicht auf die Art ihrer körperlichen Beschwerden.

Von dieser Zeit an verschrieb Dr. Bach seine Nosoden nur noch unter sorgfältiger Beachtung der Persönlichkeitsstruktur des Patienten und der daraus resultierenden akuten Gefühlszustände. Die Erfahrung gab ihm wiederum recht, und so festigte sich in ihm die Überzeugung, daß die körperlichen Krankheiten ihren Ursprung in der menschlichen Psyche haben. Im Krankheitsbild erkannte er die ›Konsolidierung einer bestimmten seelischen Haltung‹ des Menschen.

Trotz des großen Erfolges und seiner zunehmenden Berühmtheit spürte Dr. Bach, daß er die ideale Medizin noch nicht gefunden hatte. Ihn zog es immer mehr weg von den Bakterien zu den reinen Heilkräften der Natur. Bei jeder sich bietenden Gelegenheit verließ er das Labor für einige Stunden oder gönnte sich einen Tag auf dem Lande oder am Meer. Mit der ganzen Kraft seiner Intuition suchte er in dieser Zeit nach Pflanzen und Kräutern, die mit ihren natürlichen Heilkräften seine 7 bakteriellen Nosoden ersetzen könnten. Hier in der Natur erkannte Dr. Bach, daß ihm sein wissenschaftlich geschulter Intellekt nicht mehr weiterhelfen konnte und er sich ganz der inneren Erkenntnis und Führung überlassen mußte. Dies veranlaßte ihn, im Jahre 1930 seine eigene Praxis und seine wissenschaftliche Arbeit in London aufzugeben und praktisch ohne Mittel (Dr. Bach hatte all seine finanziellen Mittel für die wissenschaftliche Forschung aufgewandt) aufs Land hinauszuziehen. Hier, inmitten der noch gesunden Natur, widmete er sich ausschließlich der Suche nach den wirksamsten Heilkräften in wilden Blumen, Sträuchern und Bäumen. In dieser Zeit entdeckte Dr. Bach auch seine berühmte ›sun-method‹ (Sonnenmethode), mit der es ihm gelang, unter Zuhilfenahme der reinen Sonnenstrahlung die Heilkräfte der wilden Blumen direkt, also ohne Substanzentnahme wie bei der Homöopathie, auf das frische Quellwasser zu übertragen. Für die wilden Blüten der Bäume benützte er seine ›boiling-method‹ (Kochmethode) zum selben Zweck.

In den nun folgenden Jahren bis zu seinem Heimgang suchte und fand Dr. Bach für die leidende Menschheit eine neue, strahlende Möglichkeit der Selbstheilung. So erprobte er nach und nach die Wirkung von 38 auf seine Art hergestellten Blüten-Konzentraten. Besonders in den letzten Jahren seines

Lebens kam es vor, daß er oft den negativen Gemütszustand, für den er das Mittel suchte, auf sich nehmen mußte. Hatte er die richtige Blüte gefunden, wurde er aus diesem Zustand erlöst. In seiner Schrift ›Die 38 Heiler‹ (enthalten in Bach, *Blumen, die durch die Seele heilen*) beschreibt Dr. Bach in einfacher Weise die hauptsächlichen, negativen Zustände der Psyche und die entsprechenden Blüten-Konzentrate. Zusammen mit seiner Philosophie ›Heile Dich selbst‹ finden wir hier sein bleibendes Testament für uns alle. (Nora Weeks)

Auszug aus ›Heile Dich selbst‹ von Edward Bach

(Diese Texte wurden dem Buch
›Blumen, die durch die Seele heilen‹ entnommen.)

Krankheit wird mit den gegenwärtigen materialistischen Methoden niemals geheilt oder ausgerottet, weil Krankheit in ihrer Ursache nicht materialistisch ist. Was wir als Krankheit kennen, ist die letztendlich im Körper hervorgebrachte Wirkung und das Endprodukt tief und lange wirkender Kräfte; und selbst, wenn materielle Behandlung allein scheinbar erfolgreich ist, ist dies nichts mehr als eine zeitweilige Erleichterung, wenn die wahre Ursache nicht beseitigt wurde. Der moderne Trend der medizinischen Wissenschaft hat – durch Fehlinterpretation des wahren Wesens von Krankheit und Konzentration auf deren materialistische Aspekte im physischen Körper – die Macht von Krankheit gewaltig erhöht, erstens durch Ablenkung der Gedanken der Menschen von ihrer wahren Ursache und damit von wirksamen Methoden der Bekämpfung, und zweitens, durch ihre Lokalisierung im Körper.

Krankheit ist dem Wesen nach die Auswirkung von Konflikten zwischen SEELE und GEMÜT, und kann niemals anders als durch spirituelle und mentale Bemühungen ausgemerzt werden.

Die vorrangigen wahren Krankheiten des Menschen sind Mängel wie *Stolz, Grausamkeit, Haß, Selbstliebe, Unwissen, Unsicherheit* und *Habgier;* und jeder dieser Mängel wird, wenn man darüber nachdenkt, als der EINHEIT entgegengesetzt gefunden werden. Solche Mängel sind die wahren Krankheiten, und es ist das Fortfahren und die Beharrung in solchen Mängeln, nachdem wir jenes Stadium der Entwicklung erreicht haben, wo wir sie als falsch erkennen können, was im Körper die verwundenden Ergebnisse herbeiführt, die wir als Krankheit kennen.

Stolz entsteht zunächst aufgrund eines Mangels an Erkenntnis der Kleinheit der Persönlichkeit und ihrer vollkommenen

Abhängigkeit von der SEELE, und des Mangels an Einsicht, daß alle Erfolge, welche die Persönlichkeit haben mag, sie nicht aus sich selbst heraus hat, sondern als Segnungen von der in ihr wohnenden Göttlichkeit empfängt; weiter ist Stolz der Verlust der Proportion: der eigenen Winzigkeit inmitten des Planes der Schöpfung. Da sich Stolz beständig weigert, sich mit Demut und Ergebenheit dem Willen des Großen Schöpfers zu beugen, handelt er im Gegensatz zu diesem Willen.

Grausamkeit ist eine Verneinung der EINHEIT und ein Versagen zu begreifen, daß jede gegen einen anderen gerichtete Handlung im Gegensatz zum Ganzen steht, und damit einen Verstoß gegen die Einheit darstellt. Kein Mensch würde jenen, die ihm nahe und lieb sind, verletzende Handlungen zufügen, und wir müssen durch das Gesetz der Einheit solange wachsen, bis wir begreifen, daß jeder, als Teil eines Ganzen, uns nahe und lieb werden muß, bis selbst solche, die uns verfolgen, nur Gefühle der Liebe und Sympathie hervorrufen.

Haß ist das Gegenteil von LIEBE, die Umkehrung des Gesetzes der Schöpfung. Er steht im Gegensatz zum ganzen Göttlichen Plan und ist eine Verneinung des Schöpfers; er führt nur zu solchen Handlungen und Gedanken, die der Einheit entgegengesetzt sind, und das Gegenteil jener sind, die durch die Liebe geboten wären.

Selbst-Liebe ist wiederum eine Verneinung der Einheit und der Pflicht, die wir unseren Mitmenschen schulden, indem wir unsere eigenen Interessen vor das Wohl der Menschheit und vor die Sorge und den Schutz jener stellen, die um uns sind.

Unwissen ist das Versäumnis zu lernen, die Weigerung, WAHRHEIT zu sehen, wenn die Gelegenheit dazu geboten wird, und sie führt uns zu vielen falschen Handlungen wie solche, die nur in der Dunkelheit existieren können, und die nicht möglich sind, wenn das Licht von WAHRHEIT und WISSEN um uns ist.

Unsicherheit, Unentschiedenheit und mangelnde Zielstrebigkeit ergeben sich, wenn sich die Persönlichkeit weigert, vom Höheren Selbst geleitet zu werden, und führen uns dazu, andere durch unsere Schwächen irrezuleiten. Eine solche Lage wäre nicht möglich, wenn wir in uns das Wissen der UNBESIEGBAREN UNÜBERWINDLICHEN GÖTTLICHKEIT trügen, die wir in Wahrheit selbst sind.

Habgier führt uns zu einem Streben nach Macht. Sie ist eine Verneinung der Freiheit und Individualität jeder Seele. Anstatt anzuerkennen, daß jeder von uns hier ist, um sich frei in der Weise zu entwickeln, wie es nur seine eigene Seele ihm gebietet, um so seine Individualität zu verstärken, und frei und unbehindert zu arbeiten, strebt die von Habgier beherrschte Persönlichkeit danach, selber zu herrschen, zu formen und zu befehlen, und damit die Macht des Schöpfers zu usurpieren.

Dies sind Beispiele wahrer Krankheit, der Ursache und Grundlage all unseres Leidens und Elends. Jeder dieser Mängel wird, wenn man in ihm gegen die Stimme des Höheren Selbstes verharrt, einen Konflikt hervorrufen, der notwendigerweise im physischen Körper widergespiegelt werden muß, und seine eigene spezifische Art von Krankheitsbild bestimmt.

Wir können nun sehen, wie jede Art von Krankheit, an der wir leiden mögen, uns zur Entdeckung des Fehlers führen wird, der hinter unseren Beschwerden liegt. Zum Beispiel wird *Stolz,* der Arroganz und Starrheit des Gemüts ist, jene Krankheiten entstehen lassen, die Starrheit und Steifheit des Körpers hervorrufen. Schmerzen sind das Ergebnis von *Grausamkeit,* wobei der Patient durch das eigene Leiden lernt, es nicht anderen zuzufügen, sei es vom physischen oder vom mentalen Standpunkt aus. Die Strafen des *Hasses* sind Einsamkeit, gewalttätiger unkontrollierbarer Charakter, nervliche Belastungen des Gemüts und hysterische Ausbrüche. Die nach innen gewandten Krankheiten – Neurosen, Neurasthenien und ähnliche –, die dem Leben soviel Freude rauben, werden von *exzessiver Selbst-Liebe* verursacht. *Unwissen* und *Mangel an Weisheit* bringen ihre eigenen Schwierigkeiten im Alltagsleben, und wenn es eine beharrliche *Weigerung gibt, die Wahrheit zu sehen,* wenn Gelegenheit dazu besteht, sind Schwächung von Sehkraft und Gehör die natürlichen Folgen. *Unsicherheit des Gemüts* muß zur gleichen Qualität im Körper führen, mit jenen Störungen, die Bewegung und Koordination beeinflussen. Das

Ergebnis von *Habgier und Beherrschung anderer* sind solche Krankheiten, die den Leidenden seinem eigenen Körper als Sklaven ausliefern, mit von der Krankheit gezügelten und verhinderten Wünschen und Süchten.

Darüber hinaus ist der von Krankheit betroffene Teil des Körpers, in Übereinstimmung mit dem Gesetz von Ursache und Wirkung, wiederum ein Führer, der uns hilft. Zum Beispiel wird das *Herz,* der Brunnen des Lebens und damit der Liebe, besonders dann angegriffen, wenn die Liebe zur Menschheit nicht entwickelt ist oder falsch benutzt wird; eine betroffene Hand zeigt ein Versagen oder eine falsche Ausrichtung einer Handlung an; wenn das *Gehirn,* als Zentrum der Kontrolle, betroffen ist, weist dies auf einen Mangel an Kontrolle in der Persönlichkeit hin. All dies muß nach den niedergelegten Gesetzen erfolgen. Wir sind alle bereit, die vielen Folgen zuzugeben, die aus einem gewalttätigen Gemütsausbruch resultieren mögen, dem Schock von plötzlichen schlechten Nachrichten; wenn triviale Dinge in solcher Weise den Körper beeinflussen können. Um wieviel ernsthafter und tiefgreifender muß dann ein ausgedehnter Konflikt zwischen Seele und Körper sein. Können wir uns darüber wundern, daß er als Resultat zu solchen schmerzlichen Beschwerden führt, wie es die heute unter uns bestehenden Krankheiten sind?

Und doch gibt es keinen Grund zur Niedergeschlagenheit. Die Verhütung und die Heilung von Krankheit kann erreicht werden, wenn wir in uns das entdecken, was falsch ist, und diesen Mangel durch ernsthafte Entwicklung jener Tugend entwurzeln, die ihn zerstören wird; nicht indem das Falsche bekämpft wird, sondern durch das Hereinbringen einer solchen Flut der ihm entgegengesetzten Tugend, daß es aus unserem Wesen hinweggefegt wird.

Wir müssen ernsthaft lernen, INDIVIDUALITÄT entsprechend den Geboten unserer eigenen Seele zu entwickeln, keinen Menschen zu fürchten und darauf zu achten, daß keiner in den Fortschritt unserer Entwicklung eingreift, – oder uns davon und von der Erfüllung unserer Pflicht und der Hilfe für unsere Mit-Menschen abbringt –, indem wir uns daran erinnern, daß je weiter wir fortschreiten, wir ein größerer Segen für jene um uns werden. Wir müssen besonders auf der Hut sein, anderen Menschen bedenkenlos Hilfe zu leisten – wer immer sie auch seien –, um sicher zu sein, daß der Wunsch zur Hilfe ein Gebot des Inneren Selbstes ist, und nicht eine falsche Pflichtauffassung, die uns durch die Suggestion oder Überzeugung einer dominierenderen Persönlichkeit aufgezwungen ist. Eine Tragödie dieser Art entstammt der modernen Konvention, und es ist unmöglich, die Tausenden von behinderten Leben zu errechnen, die Myriaden verpaßter Gelegenheiten, die so verursachten Sorgen und Leiden, die zahllose Anzahl von Kindern, die aus einer Pflichtauffassung heraus vielleicht jahrelang einen Invaliden betreut haben, wenn die einzige Krankheit, die der Elternteil gekannt hat, die Gier nach Aufmerksamkeit war. Man denke an die Armee von Männern und Frauen, die daran gehindert wurden, etwas vielleicht Großes und Nützliches für die Menschheit zu tun, weil ihre Persönlichkeit von einem Individuum eingefangen wurde, von dem Freiheit zu erlangen sie nicht den Mut hatten; man denke an die Kinder, die in ihren frühen Tagen den ihnen bestimmten Beruf kennen und herbeisehnen, und doch durch die Schwierigkeiten der Umstände, durch Abraten anderer und Mangel an Zielstrebigkeit in einen anderen Bereich des Lebens abgleiten, wo sie weder glücklich sind noch in der Lage, ihre Entwicklung in der Weise voranzubringen, wie sie es sonst hätten tun können. Es ist das Gebot allein unseres Gewissens, das uns sagen kann, ob unsere Pflicht bei einem oder bei vielen liegt, wie und wem wir dienen sollen; aber was immer es auch sein mag, wir sollten diesem Befehl bis zum Äußersten unserer Fähigkeit gehorchen.

Laßt uns keine Angst haben, ins Leben hineinzutauchen; wir sind hier, um Erfahrungen und Wissen zu gewinnen, und wir werden nur wenig lernen, wenn wir uns dem Leben nicht stellen und uns bis zum Äußersten bemühen.

Erinnern wir uns daran, daß, wenn der Fehler gefunden ist, das Heilmittel nicht in einem Kampf dagegen liegt, und nicht im Gebrauch von Willenskraft und Energie, um das Falsche zu unterdrücken, sondern in einer stetigen Entwicklung der entgegengesetzten Tugend, um so automatisch alle Spuren des Angreifers aus unserem Wesen zu waschen. Dies ist die wahre und natürliche Methode des Fortschritts und des Sieges über das Falsche, die weitaus einfacher und wirksamer ist, als einen besonderen Mangel zu bekämpfen. Gegen einen Fehler anzukämpfen verstärkt dessen Macht, denn es hält unsere Aufmerksamkeit in seiner Gegenwart verankert, und bringt uns tatsächlich *Kampf,* – und der größte Erfolg, den wir dann erwarten können, ist Sieg durch Unterdrückung, was völlig unbefriedigend ist, da der Feind noch bei uns ist und sich in einem schwachen Moment in aller Frische von neuem zeigen kann. Der wahre Sieg ist, das Fehlverhalten unbeachtet zu lassen, und bewußt danach zu streben, die Tugend zu entwickeln, die es unmöglich machen würde.

Wenn zum Beispiel *Grausamkeit* in unserem Wesen sein sollte, können wir beständig sagen, »ich will nicht grausam sein«, und uns so daran hindern, in dieser Richtung abzuirren; aber der Erfolg dieser Methode hängt von der Stärke des Gemüts ab, und sollte dies geschwächt sein, könnten wir unseren guten Vorsatz für einen Augenblick vergessen. Aber wenn wir auf der anderen Seite wirkliche Sympathie für unsere Mit-Menschen entwickeln, wird diese Qualität ein für allemal Grausamkeit unmöglich machen, denn wir würden jeder solcher Handlungsweisen mit Schrecken aus dem Wege gehen – aufgrund unseres mit-menschlichen Gefühls. Hier gibt es keine Unterdrückung, keinen versteckten Feind, der in Momenten nach vorne drängt, wenn wir nicht auf der Hut sind: denn unsere Sympathie wird die Möglichkeit zu jeglichem Verhalten, das andere verletzen könnte, vollständig aus unserem Wesen ausgelöscht haben.

Wie wir zuvor gesehen haben, wird die Art unserer körperlichen Krankheit dabei helfen, auf die Art jener Disharmonie zu weisen, welche die grundlegende Ursache ihrer Entstehung ist. Ein anderer wichtiger Faktor des Erfolgs ist, daß wir Lust am Leben haben müssen und auch unsere Existenz nicht nur als eine Pflicht sehen, sondern eine wirkliche Freude am Abenteuer unserer Reise durch diese Welt entwickeln.

Es ist uns nicht erlaubt, die Großartigkeit unserer eigenen Göttlichkeit zu sehen, oder die Mächtigkeit unseres Schicksals und der vor uns liegenden glorreichen Zukunft zu erkennen; denn, wenn es anders wäre, wäre das Leben keine Prüfung und würde keine Bemühung erfordern, kein Abwägen der Werte. Unsere Tugend liegt darin, zum größten Teil jenen großartigen Dingen gegenüber blind zu sein, und doch Vertrauen und Mut zu haben, in der rechten Weise zu leben und die Schwierigkeiten auf dieser Erde zu meistern. Durch Kommunion mit unserem Höheren Selbst können wir jedoch jene Harmonie beibehalten, die es uns ermöglicht, alle weltlichen Widerstände zu überwinden, und unsere Reise entlang des rechten Weges zu machen, um unser Schicksal zu erfüllen, nicht abgeschreckt durch die Einflüsse, die uns irreleiten wollen.

Als nächstes müssen wir Individualität entwickeln und uns von allen weltlichen Einflüssen freimachen, so daß wir unsere eigenen Herren werden, indem wir nur den Geboten unserer eigenen Seele gehorchen, unberührt durch Umstände oder andere Menschen, und unsere Barke über die rauhe See des Lebens steuern, ohne jemals das Ruder der Redlichkeit zu verlassen, oder das Steuer unseres Schiffes in andere Hände zu geben. Wir müssen unsere Freiheit absolut und vollständig gewinnen, so daß alles, was wir tun, jede Handlung – nein, selbst jeder unserer Gedanken – seinen Ursprung in uns selbst findet, was es uns ermöglicht, aus eigenem Antrieb zu leben und zu geben, und aus eigenem Antrieb allein.

Die Ursache all unserer Schwierigkeiten ist das *Ich* und *Absonderung,* und dies löst sich auf, sobald LIEBE und das Wissen der großen EINHEIT Teil unseres Wesens werden. Das Universum ist das objektive Angesicht Gottes; bei seiner Geburt ist es der Wiedergeborene Gott, bei seinem Ende der Höherentwickelte Gott. Desgleichen mit dem Menschen; sein Körper ist er selbst – veräußerlicht, eine objektive Offenbarung seines inneren Wesens; er ist Ausdruck seiner selbst, der Verkörperung der Qualitäten seines Bewußt-seins.

Wir haben in unserer westlichen Zivilisation das glorreiche Beispiel, das große Vorbild von Vollkommenheit und die

Lehren des Christus, um uns zu führen. Er handelt für uns als ein MITTLER zwischen unserer Persönlichkeit und SEELE. Seine Mission auf Erden war, uns zu lehren, wie wir Harmonie und Kommunion mit unserem Höheren Selbst erlangen können, mit Unserem Vater, der im Himmel ist, und wie wir damit Vollkommenheit in Übereinstimmung mit dem Willen des Großen Schöpfers aller Dinge erreichen.

So lehrten es auch Buddha und andere große Meister, die von Zeit zu Zeit auf die Erde kamen, um den Menschen den Weg zur Erlangung der Vollkommenheit zu zeigen. Es gibt für die Menschheit keinen halben Weg. Die WAHRHEIT muß anerkannt werden, und der Mensch muß sich selbst mit dem unendlichen Gesetz der Liebe seines Schöpfers vereinen.

Elternschaft

Da Mangel an Individualität, d.h., das Zulassen von Eingriffen in die Persönlichkeit, die daran hindern, in die Wünsche des Höheren Selbstes einzuwilligen, von solch großer Bedeutung bei der Erzeugung von Krankheit ist, und da dies oft früh im Leben beginnt, wollen wir nun die wahre Beziehung zwischen Eltern und Kind, zwischen Lehrer und Schüler betrachten.

Im wesentlichen ist die Stellung der *Elternschaft* ein privilegiertes Mittel (und es sollte wohl als ein göttliches Privileg angesehen werden), es einer Seele zu ermöglichen, um der Entwicklung willen mit dieser Welt in Berührung zu kommen. Wenn es in rechter Weise verstanden wird, gibt es wahrscheinlich keine größere Möglichkeit, die der Menschheit angeboten wird, als diese: ein Mittler der physischen Geburt einer Seele zu sein, und die Fürsorge der jungen Persönlichkeit während der ersten wenigen Jahre ihrer Existenz auf der Erde zu haben. Die gesamte Einstellung der Eltern sollte sein, dem kleinen Neuankömmling – entsprechend ihrer äußersten Möglichkeiten – alle spirituelle, mentale und körperliche Führung zu geben, und sich dabei immer daran zu erinnern, daß das kleine Wesen eine individuelle Seele ist, die kam, um ihre eigene Erfahrung und ihr eigenes Wissen auf ihre eigene Weise entsprechend den Geboten ihres Höheren Selbstes zu erlangen, und daß jede mögliche Freiheit für eine ungehinderte Entwicklung eingeräumt werden sollte.

Die Stellung der Elternschaft ist eine des göttlichen Dienstes und sollte genauso, wenn nicht vielleicht sogar mehr als jede andere Pflicht anerkannt werden, zu der wir gerufen werden.

Da sie eine Aufgabe des Opfers ist, muß man sich immer darüber bewußt sein, daß nichts, was immer es auch sein möge, vom Kind zurückerwartet werden sollte, da die ganze Aufgabe darin besteht zu geben, und nur sanfte Liebe, Schutz und Führung zu geben – bis die Seele die junge Persönlichkeit in ihre Obhut nimmt. Unabhängigkeit, Individualität und Freiheit sollten von Beginn an gelehrt werden, und das Kind sollte so früh wie möglich im Leben ermutigt werden, selbst zu denken und zu handeln. Alle elterliche Kontrolle sollte Schritt für Schritt aufgegeben werden, sobald die Fähigkeit zur Selbstverwaltung entwickelt wird, und später sollte keine Einschränkung oder falsche Pflichtvorstellung der Elternschaft die Gebote der Seele des Kindes behindern.

Elternschaft ist eine Stellung im Leben, die von einem zum anderen übergeht, und sie ist dem Wesen nach zeitweilige Führung und Schutz für einen kurzen Zeitabschnitt, nachdem sie ihre Bemühungen beenden und das Objekt ihrer Aufmerksamkeit freilassen sollte, alleine voranzuschreiten. Erinnern wir uns daran, daß das Kind, für das wir ein zeitweiliger Hüter sein mögen, eine viel ältere und größere Seele als wir selbst haben und uns spirituell überlegen sein mag, so daß Kontrolle und Schutz auf die Bedürfnisse der jungen Persönlichkeiten beschränkt bleiben sollten.

Elternschaft ist eine heilige Pflicht, die ihrem Wesen nach zeitweilig ist, und von Generation zu Generation übergeht. Sie bringt nichts als Dienst mit sich und ruft nach keiner Verpflichtung der Jugend als Gegenleistung – da sie freigelassen werden muß, um sich auf eigene Weise zu entwickeln, um so so geeignet wie nur möglich zu werden, dieselbe Stellung in nur wenigen Jahren selbst zu erfüllen. Damit sollte das Kind keine Beschränkungen haben, keine Verpflichtungen, keine elterlichen Behinderungen: in der Kenntnis, daß Elternschaft zuvor seinem Vater und seiner Mutter übertragen wurde, und daß es seine Pflicht sein mag, dieselbe Stellung für ein anderes Wesen innezuhaben.

Eltern sollten besonders vor jedem Wunsch auf der Hut sein, die junge Persönlichkeit entsprechend ihren eigenen Ideen oder Wünschen zu formen, und sie sollten von jeder unbilligen Kontrolle, oder Erwartung von Gefallen als Gegenleistung für ihre natürliche Pflicht und göttliches Privileg, die Mittel dazu stellen, einer Seele zu helfen, mit der Welt in Berührung zu kommen, zurückzustehen. Jeder Wunsch nach Kontrolle oder jede Absicht, das junge Leben aufgrund persönlicher Motive zu formen, ist eine schreckliche Art der Habgier und sollte niemals unterstützt werden; denn wenn dies im jungen Vater oder in der Mutter Wurzeln schlägt, wird es sie in späteren Jahren dazu führen, wahrhafte Vampire zu sein. Wenn es den geringsten Wunsch nach Herrschaft gibt, sollte er am Anfang schachmatt gesetzt werden. Wir müssen uns weigern, unter die Sklaverei der Habgier zu kommen, die in uns den Wunsch erzwingt, andere zu besitzen. Wir müssen in uns selbst die Kunst des Gebens fördern und dies solange entwickeln, bis durch Aufopferung jede Spur von nachteiligem Verhalten ausgewaschen ist.

Der *Lehrer* sollte sich immer dessen bewußt sein, daß seine Stellung lediglich ist, der Jugend als ein Mittler Führung und eine Gelegenheit zu vermitteln, die Dinge der Welt und des Lebens zu erlernen, so daß jedes Kind auf seine eigene Weise Wissen aufnehmen und in Freiheit instinktiv das wählen kann, was für den Erfolg seines Lebens notwendig ist. Und deshalb sollte wiederum nicht mehr als die sanfteste Fürsorge und Führung gegeben werden, um dem Schüler zu ermöglichen, das Wissen zu erwerben, das er braucht.

Kinder sollten sich daran erinnern, daß die Stellung der Elternschaft, als Sinnbild der schöpferischen Kraft, in ihrer Mission göttlich ist, aber daß sie nicht nach Einschränkung von Entwicklung und solchen Verpflichtungen ruft, welche das Leben und die Arbeit hemmen könnten, die ihnen von ihrer eigenen Seele geboten ist. Es ist unmöglich, in der gegenwärtigen Zivilisation das ungezählte Leid zu ermessen, die Verkrampfung der Wesen und die Entwicklung herrschsüchtiger Charaktere, die der Mangel der Erkenntnis dieser Tatsache verursacht. In fast jedem Heim bauen sich Eltern und Kinder Gefängnisse aufgrund gänzlich falscher Motive und einer falschen Auffassung über die Beziehung zwischen Eltern und Kind. Diese Gefängnisse versperren die Freiheit, verkrampfen das Leben, verhindern die natürliche Entwicklung und bringen allen Betroffenen Unglück; und die geistigen, nervösen und sogar körperlichen Störungen, die solche Menschen beschweren, bilden in der Tat einen großen Teil der Krankheit unserer gegenwärtigen Zeit.

Es kann nicht klar genug erkannt werden, daß jede Seele allein aus dem spezifischen Grund hier ist, Erfahrung und Verständnis zu gewinnen, und die Persönlichkeit in Richtung auf jene Ideale zu vervollkommnen, die von der Seele niedergelegt sind. Was immer unsere Beziehung zueinander ist, ob Mann und Frau, Eltern und Kind, Bruder und Schwester, oder Herr und Knecht: wir sündigen gegen unseren Schöpfer und gegen unsere Mit-Menschen, wenn wir aus Motiven des persönlichen Verlangens die Entwicklung einer anderen Seele behindern. Unsere einzige Pflicht ist es, den Geboten unseres eigenen Gewissens zu gehorchen, und dies wird niemals für einen Moment die Beherrschung einer anderen Persönlichkeit dulden. Mag sich jeder von uns daran erinnern, daß seine Seele für ihn eine bestimmte Aufgabe niedergelegt hat, und daß, wenn er diese Aufgabe nicht erfüllt – obwohl vielleicht nicht bewußt –, er unvermeidlich einen Konflikt zwischen seiner Seele und der Persönlichkeit anziehen wird, der sich notwendigerweise in der Form körperlicher Störungen niederschlägt.

Es ist wahr, daß es die Berufung für ein Individuum gibt, sein Leben nur einem anderen Wesen zu widmen, – aber bevor dies getan wird, möge man absolut sicher sein, daß dies das Gebot der Seele ist und nicht die Suggestion irgendeiner dominierenden Persönlichkeit, die einen in falscher Weise überzeugt, oder daß man nicht von falschen Vorstellungen von Pflicht irregeleitet wird. Man mag sich auch daran erinnern, daß wir hier in diese Welt kommen, um Kämpfe zu gewinnen, um Stärke gegen jene zu erlangen, die uns beherrschen wollen, und um zu jenem Stadium voranzuschreiten, wo wir durch das Leben gehen und unsere Aufgaben ruhig und friedvoll erfüllen, von keinem lebenden Wesen abgelenkt oder beeinflußt, und immer ruhig geführt durch die Stimme unseres Höheren Selbstes. Für viele Menschen wird ihr größter Kampf in ihrem eigenen Heim stattfinden, wo sie, bevor sie die Freiheit erlangen, Siege in der Welt zu gewinnen, sich selbst von der nachteiligen Beherrschung und Kontrolle eines sehr nahen Verwandten befreien müssen.

Jedes Individuum, ob Erwachsener oder Kind, dessen Aufgabe in diesem Leben es auch ist, sich von der beherrschenden Kontrolle eines anderen zu befreien, sollte sich an das folgende erinnern: erstens, daß sein ›Möchtegern‹-Unterdrücker genauso gesehen werden sollte, wie wir einen Gegner im Sport betrachten: als eine Persönlichkeit, mit der wir das Spiel des Lebens spielen – ohne die geringste Spur von Bitterkeit –, und daß, wenn es solche Gegner nicht gäbe, uns eine Gelegenheit ermangeln würde, unseren eigenen Mut und unsere Individualität zu entwickeln; zweitens, daß die wahren Siege im Leben durch Liebe und Sanftheit entstehen, und daß in einem solchen Kampf keine wie immer auch geartete Gewalt angewendet werden darf: durch ständiges Wachsen des eigenen Wesens, das Sympathie, Freundlichkeit und, wenn möglich, Zuneigung – oder, sogar besser, Liebe – dem Gegner entgegenbringt, mag man sich so entwickeln, daß man zur rechten Zeit sehr leicht und ruhig dem Ruf des Gewissens folgen kann, ohne die geringste Einmischung zu erlauben.

Jene, die herrschen, brauchen viel Hilfe und Führung, um es ihnen zu ermöglichen, die große universelle Wahrheit der EINHEIT zu erkennen, und die FREUDE der Bruderschaft zu verstehen.

Solche Dinge zu verfehlen bedeutet, das wahre Glück des Lebens zu verpassen, und wir müssen solchen Menschen helfen, soweit dies in unserer Kraft steht. Schwäche unsererseits, die es ihnen erlaubt, ihren Einfluß auszuweiten, wird ihnen in keiner Weise helfen; eine freundliche Weigerung, unter ihrer Kontrolle zu sein, und eine Bemühung, ihnen die Erkenntnis der Freude des Gebens zu vermitteln, wird ihnen auf dem aufwärts gerichteten Pfad helfen.

Das Erlangen unserer Freiheit, das Gewinnen unserer Individualität und Unabhängigkeit wird in den meisten Fällen nach viel Mut und Vertrauen rufen. Aber in den dunkelsten Stunden, und wenn der Erfolg nahezu unmöglich erscheint, mögen wir uns daran erinnern, daß GOTTES Kinder niemals furchtsam sein sollten, daß unsere SEELEN uns nur solche Aufgaben geben, die zu erfüllen wir in der Lage sind, und daß mit unserem eigenen Mut und Vertrauen in die Göttlichkeit in uns der Sieg all jenen sicher ist, die unaufhörlich danach streben.

Der Arzt der Zukunft

Der Arzt der Zukunft wird zwei große Ziele haben. Das erste wird sein, dem Patienten zu helfen, Kenntnis von sich selbst zu erlangen, und ihm jene grundlegenden Fehler aufzuzeigen, die er begehen mag, die Unzulänglichkeiten seines Charakters, die er ausgleichen sollte, und die Mängel seines Wesens, die beseitigt und durch die entsprechenden Tugenden ersetzt werden müssen. Solch ein Arzt muß die Gesetze, welche die Menschheit und menschliches Wesen beherrschen, ernsthaft studieren, so daß er in jedem, der zu ihm kommt, jene Elemente erkennen kann, die einen Konflikt zwischen der Seele und der Persönlichkeit verursachen. Er muß fähig sein, dem Leidenden zu raten, wie die erforderliche Harmonie am besten erreicht werden kann, welche Handlungen gegen die Einheit er aufgeben muß und welche not-wendigen Tugenden er entwickeln muß, um seine Mängel auszulöschen. Jeder Fall erfordert ein sorgfältiges Studium, und es werden nur jene sein, die einen großen Teil ihres Lebens der Erkenntnis der Menschheit gewidmet haben und in deren Herzen das Verlangen brennt, zu helfen, welche in der Lage sein werden, diese herrliche und göttliche Arbeit für die Menschheit erfolgreich auf sich zu nehmen, die Augen eines Leidenden zu öffnen, und ihn über den Grund seines Seins zu erleuchten, Hoffnung, Trost und Vertrauen zu erwecken, was ihm ermöglicht, seine Krankheit zu überwinden.

Die zweite Pflicht des Arztes wird sein, mit solchen Mitteln zu behandeln, die dem physischen Körper Stärke zu erlangen helfen und das Gemüt unterstützen, ruhig zu werden, seinen Ausblick zu weiten und zur Vollendung zu streben und damit der ganzen Persönlichkeit Frieden und Harmonie bringen. Solche Heilmittel gibt es in der Natur, wie sie durch die Gnade des Göttlichen Schöpfers für die Heilung und den Trost der Menschheit geschaffen sind. Einige wenige dieser Heilmittel sind bekannt, und mehr davon werden in der gegenwärtigen Zeit durch Ärzte in verschiedenen Teilen der Welt gesucht und erforscht, besonders in unserer Mutter Indien, und es gibt keinen Zweifel, daß, wenn sich derartige Forschungen weiterentwickelt haben werden, wir viel von dem Wissen zurückgewinnen, das vor mehr als 2000 Jahren bekannt war, – und der Heiler der Zukunft wird die wundervollen natürlichen Mittel zu seiner Verfügung haben, die nach göttlichem Willen für den Menschen geschaffen wurden, um ihn von seiner Krankheit zu erlösen.

Damit wird die Aufhebung von Krankheit davon abhängig sein, daß die Menschheit die Wahrheit der unveränderlichen Gesetze unseres Universums erkennt und sich mit Demut und Gehorsam in diese Gesetze einfügt, und so Frieden zwischen ihren Seelen und sich selbst bringt und wahre Freude und Glück des Lebens erlangt. Die Aufgabe des Arztes wird es sein, jeden Leidenden dabei zu unterstützen, Kenntnisse dieser Wahrheit zu erlangen, und ihm aufzuzeigen, mit welchen Mitteln er Harmonie gewinnen kann und in ihm das Vertrauen in seine Göttlichkeit, die alles überwinden kann, erwecken, und solche physischen Heilmittel anzuwenden, die bei der Harmonisierung der Persönlichkeit und der Heilung des Körpers helfen.

Weiterführende Literatur in deutscher Sprache

Mechthild Scheffer, *Die Original Bach-Blütentherapie.* Das gesamte theoretische und praktische Bach-Blütenwissen.
München: 1999 (Das Standardwerk zur Bach-Blütentherapie mit der bisher ausführlichsten Beschreibung der 38 Bach-Blütenkonzepte sowie zusätzlichen Fragebögen, differentialdiagnostischen Vergleichen, Rezeptbausteinen, farbigen Abbildungen und Energiebildern aller 38 Bach-Blüten.)

Mechthild Scheffer, *Schlüssel zur Seele.* Das Arbeitsbuch zur Selbst-Diagnose mit den Bach-Blüten.
München: Wilhelm Heyne Verlag 1998 (Arbeitsbuch zur individuellen Nutzung des energetischen Transformationspotentials, das die Bach-Blütentherapie freisetzt – nicht nur zur Selbstheilung, sondern darüber hinaus auch zur Förderung der Persönlichkeitsentfaltung.)

Edward Bach, *Blumen, die durch die Seele heilen.*
München: Hugendubel 1995 (Übersetzung der wichtigsten Originalschrift Edward Bachs, u. a. seine philosophische Abhandlung »Heile Dich Selbst«.)

Nora Weeks, *Edward Bach.* Entdecker der Blütentherapie. Sein Leben, seine Erkenntnisse.
München: Wilhelm Heyne Verlag 1988 (Biographie Edward Bachs von seiner engsten Mitarbeiterin Nora Weeks.)

Mechthild Scheffer, *Bach-Blütenbilder.* Für Harmonisierung, Zentrierung, Meditation.
München: Hugendubel 1997 (Vierfarbige Fotos der 38 Bach-Blüten mit ausführlicher Beschreibung der Blüten im Begleitheft.)

Mechthild Scheffer/Wolf-Dieter Storl, *Neue Einsichten in die Bach-Blütentherapie.* Vom Erbe der Blumengöttin (Teil I des Titels »Die Seelenpflanzen des Dr. Edward Bach«).
München: Wilhelm Heyne Verlag 1994

Mechthild Scheffer/Wolf-Dieter Storl, *Das Heilgeheimnis der Bach-Blüten.* Von der Weisheit der Pflanzenseelen (Teil II des Titels »Die Seelenpflanzen des Dr. Edward Bach«).
München: Wilhelm Heyne Verlag 1996 (Über die tieferen Hintergründe und Bedeutungszusammenhänge der Bach-Blütentherapie aus ethnobotanischer und kulturanthropologischer Sicht mit Farbfotos aller 38 Bach-Blüten.)

Mechthild Scheffer, *Die praktische Anwendung der Original Bach-Blüten in Fragen und Antworten.*
München: Goldmann (Umfassender Ratgeber zur Beantwortung aller Fragen der Anwendung der Bach-Blütentherapie.)

Institut für Bach-Blütentherapie
Forschung und Lehre
Mechthild Scheffer

Deutschland

Institut für Bach-Blütentherapie,
Forschung und Lehre
Mechthild Scheffer
Lippmannstraße 53
D-22769 Hamburg
Telefon: 040 / 43 25 77 10
Telefax: 040 / 43 52 53
e-mail:
info@bach-bluetentherapie.de

Österreich

Institut für Bach-Blütentherapie,
Forschung und Lehre
Mechthild Scheffer
Börsegasse 10
A-1010 Wien
Telefon: 01 / 533 86 40-0
Telefax: 01 / 533 86 40-15
e-mail:
bach-bluetentherapie@aon.at

Schweiz

Institut für Bach-Blütentherapie,
Forschung und Lehre
Mechthild Scheffer
Mainaustraße 15
CH-8034 Zürich
Telefon: 01 / 382 33 14
Telefax: 01 / 382 33 19
e-mail:
bach-bluetentherapie@swiss
online.ch

Österreichisch-Deutsche Ärztegesellschaft Dr. med. E. Bach

Börsegasse 10
A-1010 Wien
Telefon: 01 / 533 86 40-0
Telefax: 01 / 533 86 40-15
e-mail:
bach-bluetentherapie@aon.at

Dr. Bach Centre

Mount Vernon
Bakers Lane
Sotwell
Wallingford Oxon
OX 10 OPZ